LUTZ SCHUMACHER / MARK SPÖRRLE
Der Anschlusszug kann leider nicht warten

GOLDMANN
Lesen erleben

Was ist mit der Bahn wirklich los? Warum überraschen Hitze, Kälte, Eis und Schnee und der Zustand der Bistrowagen Züge wie Personal jedes Mal von Neuem? Wieso kann für eine dreiköpfige Familie eine harmlose Fahrt mit Gepäck und Umsteigen nach wie vor der Horror sein? Und helfen Kälteschutzkleidung, Brackwasserfilter und Notvorräte, das Schlimmste zu verhindern? Schluss mit lustig: Die Deutsche Bahn muss in den Stresstest. Die beiden ausgewiesenen Experten und Bestsellerautoren Lutz Schumacher und Mark Spörrle stellen Deutschlands meistgeliebtgehasstes Transportunternehmen erneut auf den Prüfstand. Präsentieren unglaubliche, aber wahre Erlebnisse von Bahnfahrern. Und sie erklären uns auf ebenso fachkundige wie satirisch-witzige Weise, weshalb wir als Reisende doch immer wieder selber schuld sind an unserem Unglück!

Besuchen Sie auch die Facebook-Seite zum Buch:
www.facebook.com/anschlusszug

Lutz Schumacher
Mark Spörrle

Der Anschlusszug kann leider nicht warten

GOLDMANN

Originalausgabe

Das Gedicht von Fritz Eckenga, »November, der Widerruf«,
wurde mit freundlicher Genehmigung
nach folgender Ausgabe zitiert:
Fritz Eckenga: Draußen hängt die Welt in Fetzen,
lass uns drinnen Speck ansetzen
© Verlag Antje Kunstmann GmbH, München 2002

Verlagsgruppe Random House FSC-DEU-0100
Das FSC®-zertifizierte Papier *Holmen Book Cream* für dieses Buch
liefert Holmen Paper, Hallstavik, Schweden.

2. Auflage
Taschenbuchausgabe Januar 2012
Copyright © by Wilhelm Goldmann Verlag, München,
in der Verlagsgruppe Random House GmbH
Umschlaggestaltung: Uno Werbeagentur München
Umschlagmotiv: FinePic®, München
CN · Herstellung: Str.
Druck und Einband: GGP Media GmbH, Pößneck
Printed in Germany
ISBN 978-3-442-15711-2

www.goldmann-verlag.de

Prequel

Liebe Juristen der Deutschen Bahn,

zur Vereinfachung Ihrer Arbeit beachten Sie bitte folgenden Hinweis: Dieses Buch enthält zwar auch sogenannte Erlebnisberichte unserer Leserinnen und Leser, angeblich allesamt echt, tatsächlich so passiert und verbürgt. In Wahrheit jedoch handelt es sich, das wissen Sie genau, bei dem gesamten vorliegenden Buch wieder einmal um Satire, erdacht, erschwindelt und erlogen, nur dem niederen Zweck dienend, die Bahn und ihre Manager erneut schäbig und ungerechtfertigt in den Dreck zu ziehen.

Sie müssen sich also gar nicht die Arbeit machen, dieses Machwerk auseinanderzunehmen, um es – am besten gleich samt seiner Verfasser – für alle Ewigkeiten verbieten zu lassen.

Und bedenken Sie Folgendes: Eines schlimmen Tages, wenn die Autobahnen verstopft sind, die Flieger ausgebucht und der Hubschrauber nicht betankt ist, dann könnten auch Sie einmal in einen Zug der Deutschen Bahn geraten …

Inhalt

VORAB
Schluss mit lustig – oder doch nicht? 9

STÖRUNGEN IM BETRIEBSABLAUF
Pünktlichkeit ist eine Zier 13

Lutz Schumacher macht den PRAXISTEST:
Der Kampf mit den Bahnbonuspunkten 33

SCHLUSS MIT BENGLISCH
Warum die Bahn viele englische Durchsagen abschafft.
Und warum das sehr unklug ist 43

BEFÖRDERUNGSBEDINGUNGEN
Auf den Hund gekommen 52

PROBLEM: KUNDEN
Helfen? Im Gegenteil!
Wie sich die Bahn die idealen Kunden vorstellt 56

ALLEIN IM WALD
Warum Zugbegleiterinnen Minderjährige »aussetzen«.
Und Zugbegleiter sie unbedingt behalten wollen 85

Mark Spörrle macht den PRAXISTEST:
Im Kleinkindabteil der Bahn 99

PROBLEM: HARNDRANG
Verschlossen und verriegelt 103

BAHN-CLASSICS I
Bei Notruf: Lied 115

INTERVIEW MIT DIETER HILDEBRANDT
»Sie wissen nicht, was sie tun!« 118

KRISEN: SOMMER
Als Sani im Saunazug – oder warum die Bahn
nicht mit Hitze kann 130

KRISEN: WINTER (TEIL 1)
Schockgefrostet beim ersten Schneefall 140

ZWISCHENRUF
Die Stunde der Experten 147

KRISEN: WINTER (TEIL 2)
Warum die Bahn nicht mit der Kälte kam 158

KRISEN: HERBST
Stürmische Erlebnisse 167

INTERVIEW MIT RÜDIGER NEHBERG
»Ich hätte immer einen Hammer dabei!« 174

Lutz Schumacher macht den PRAXISTEST:
Service rund um die Uhr? 186

KAMPF DEM ÜBERGEWICHT
Deutschland steigt aus 190

»DEM ZUGFÜHRER EIN BEIN STELLEN«
Wie meistert man knifflige Situationen
im tagtäglichen Bahnverkehr?
Acht ungewöhnliche Fragen an Heiner Geißler 196

DAS WUNDER VON INGOLSTADT
Gute Züge, schlechte Züge 202

BAHN-CLASSICS II
Gleischenwechseldich 211

BAHN 2020
Sie haben die Wahl! 214

Dank 219

Schluss mit lustig – oder doch nicht?

Liebe Bahnfahrerinnen, liebe Bahnfahrer, liebe Bahnleute,
es war ein spannender Auftrag, den uns der Verlag für dieses Buch gab, einige Zeit nachdem unser erster Bahnführer *Senk ju vor träwelling* erschienen war, Satire durch und durch. Aber diesmal sollten wir es anders machen. Näher an der Realität. Mit echten Bahnreisenden. Echten Erlebnissen. Echter Freude, echtem Leid. Wir sollten recherchieren, wie es heute aussieht bei der Bahn. Ob sich seit jenen Vorfällen – dank denen wir geschätzt mehr als die Hälfte unseres Lebens auf zugigen Bahnsteigen oder in stehen gebliebenen Zügen verbrachten, mehr als genug Zeit zum Verfassen eines bahnkritischen Buchs – etwas geändert hat bei der Bahn.

Immerhin gibt es dort einen neuen Chef, der sich sogar bei Fahrgästen, denen Unbill zugestoßen ist, persönlich entschuldigt. Zumindest ab und zu, er fände ja sonst kein Ende mehr. Der schnelle Börsengang wurde abgesagt. Erst einmal. Und immerhin hat man neue Züge bestellt. Bei denen es Lieferschwierigkeiten gibt, was dumm ist, denn der Winter soll dieses Jahr allen Ernstes tatsächlich wiederkommen, gerüchteweise gefolgt von einem Sommer – aber das ist eine ganz andere Sache …

Schluss also mit lustig, Butter bei die Fische, ran an den Speck, mal Klartext. Wie ist es wirklich?

Und vor allem: Ist es wirklich so schlimm?

Wir fragten Menschen, die Bahn fahren. Seltener oder häufiger, Nah- oder Fernverkehr, allein oder mit Familie, beruflich oder privat. Wir baten sie, für uns ihre Erlebnisse aufzuschreiben. Wir sprachen auch mit dem Politiker und »Stuttgart 21«-Schlichter Heiner Geißler, dem Kabarettisten Dieter Hildebrandt, dem Survival-Experten und Menschenrechtler Rüdiger Nehberg. Wir machten eigene ausgeklügelte Praxistests. Es war also ein echter Stresstest für die Bahn.

Und dann stellten wir zweierlei fest: Zum einen gibt es keine Satire, die nicht noch von der Wirklichkeit getoppt werden könnte. Und zweitens hilft gegen so viel Wirklichkeit dann doch wieder nur Satire. Zumindest ein bisschen.

Denn es ist nicht so schlimm. Es ist manchmal noch viel schlimmer.

Apropos: Wir waren übrigens der Ansicht, dass in das vorliegende Buch unbedingt auch die Sichtweise eines Zugbegleiters der Deutschen Bahn gehöre. Eines Mannes oder einer Frau, der oder die für uns den Spieß umdrehen und über uns, die Bahnreisenden sprechen, uns analysieren und kategorisieren sollte. Er/sie sollte das in beliebiger Länge, nach Gusto lobend oder verreißend und frei von Einschränkungen und Repressalien unsererseits, ja, sogar gern mit unserer Hilfe tun. Uns war auch ein ganz bestimmter Zugbegleiter empfohlen worden, der das sicher hervorragend gekonnt hätte.

Eine harmlose Sache, dachten wir also.

Doch die Deutsche Bahn sah das offenbar anders.

Bevor wir jemanden von der Bahnpressestelle sprechen konnten, um unser Anliegen zu schildern, zu erwähnen, dass wir schon einen passenden Zugbegleiter wüssten und für ihn um Sprecherlaubnis zu bitten – meldete sich die Pressestelle der Bahn von ganz alleine bei uns: Der betreffende Zugbegleiter, sprach uns ein selbstbewusster Herr lapidar auf die Mailbox, »steht Ihnen nicht zur Verfügung«.

Wir riefen konsterniert zurück. Um zu fragen, woher er wisse, was wir vorhätten und an wen wir gedacht hätten und ob man uns nicht die Chance einräumen wolle, erst unsere Anfrage zu stellen, bevor man sie uns abschlage.

Aber der selbstbewusste Herr war gerade kurz draußen und konnte bis zum Redaktionsschluss dieses Buchs nicht zurückrufen. Wir entschlossen uns dann, auf das Kapitel zu verzichten, zumal wir uns nicht in der Lage sahen, den betreffenden Zugbegleiter nach Abgabe seiner Aussagen sicher außer Landes zu bringen und ihm eine neue Identität zu verschaffen.

Das ist jedoch beileibe nicht das einzige Problem bei den Leuten von der Bahn. Es gibt auch Schwierigkeiten im familiären Bereich, wie überhaupt das Verhältnis der Bahn zu Kindern ein reichlich gespaltenes ist, vor allem bei Kälte, wie überhaupt auch das Verhältnis zum Transportgut Kunde an sich, vor allem bei Hitze, was regelmäßig in den Zugtoiletten seinen Höhepunkt findet (oder immer häufiger davor).

Woran wir nichts ändern können. Weil die Bahn zwar gelernt hat, sich vielfach und plakativ zu entschuldigen, wobei aber diese Entschuldigungen keinerlei weiterführende Rolle spielen – sondern ganz im Gegenteil umso mehr zeigen, mit welcher Geisteshaltung, welchem Grad an Reformwillen das System Bahn wirklich funktioniert.

Doch lesen Sie selbst. Für die Lektüre dieses Buchs in

Zügen empfehlen wir sicherheitshalber einen neutralen Schutzumschlag. Wir können leider auch unsere Leser nicht außer Landes schaffen.

Senk ju for tschuusing sis buck und trotzdem allzeit gute Fahrt,

Mark Spörrle und Lutz Schumacher

Pünktlichkeit ist eine Zier ...

Im Frühherbst 2011 veröffentlichte die Bahn eine Statistik, der zufolge 20 Prozent aller Fernzüge verspätet sind. Das klang im ersten Moment besser als das Ergebnis einer älteren Untersuchung der über jeden Zweifel erhabenen Stiftung Warentest, die herausgefunden hatte, dass bei der Bahn jeder dritte Fernzug bis zu 30 Minuten zu spät kommt.

Wir meinen: Beide Werte sind zu hoch. Zudem muss man wissen, wie die Bahn »verspätet« definiert: Verspätet ist Ihr Zug, wenn er sechs Minuten verspätet ist. Ist Ihr Zug fünf Minuten und 37 Sekunden verspätet, ist er nicht verspätet. Bahnlogik! Wenn dann Ihr Anschlusszug pünktlich ist und zum Beispiel fahrplangemäß fünf Minuten nach der geplanten Ankunft Ihres laut Bahndefinition gar nicht verspäteten Zuges abfährt, dann haben Sie diesen Anschlusszug um 37 Sekunden verpasst. Aber lassen Sie sich nicht von Miesmachern und Bahnhassern verunsichern: Alle Züge in diesem Beispiel waren pünktlich. Pünktlich wie die Maurer.

Übrigens: Betrachtet man nicht nur die Fernzüge, sondern alle Züge der Deutschen Bahn, dann sind sogar 93 Prozent pünktlich. Sagt die Bahn. Es gibt also gar keinen wirklichen Grund zur Klage. In diese Statistik hat die Bahn allerdings auch alle S-Bahnen einbezogen, die – außer in Berlin – schon aufgrund ihrer kurzen Taktung meist pünktlich sind und zudem bahnstatistisch den Riesenvorteil haben, dass sie einfach sehr, sehr viele sind und sich bei einer Durchschnittswertberechnung verdammt positiv auswirken. Zumindest auf die Bahnstatistik.

Jetzt könnte man noch darüber nachdenken, dass nachts die meisten Züge verspätungsfrei fahren und natürlich in der Statistik voll mitgerechnet werden. Und dass die Verspätungsstatistik noch nichts über die Wahrscheinlichkeit aussagt, bei einem Umstieg in einen verspäteten Zug zu geraten.

Aber werden wir nicht gleich zu Beginn dieses Buches kleinlich, sondern werfen lieber einen Blick auf den Zustand, der laut unseren Lesern und eigenen Erfahrungen ständig, laut Bahn jedoch fast nie vorkommt: nämlich, dass ein Zug unpünktlich ist. Sie, die Sie für teures Geld ein Qualitätsbuch erworben haben, werden jetzt zu Recht fordern, dass wir Sie nicht mit Geschichten wie dieser langweilen: »Ich stand am Bahnhof von Greven/Westfalen, und mein Zug hatte 14 Minuten Verspätung. Deshalb kam ich dann auch 14 Minuten zu spät zur Arbeit.« Solche Erlebnisse finden Sie höchstens in billigen Bahnhasser-Groschenheften.

Christian Ritz aus München aber hat zum Beispiel etwas erlebt, das auch eine böschungsbrandbedingte Betriebsstörung oder die Fahrt in einem ICE, der stundenlang mit 60 Stundenkilometern auf einer hypermodernen Schnellstrecke hinter einem Güterzug herrollt, locker aus dem Rennen schlägt:

Ich war gerade aus Mexiko-Stadt kommend in Frankfurt/Main gelandet. Im Jetlag zum Bahnsteig taumelnd, wehrte ich mich noch tapfer gegen einen Kreditkartenvertrags-

drücker, unterlag aber übermüdet. Ich muss die Karte ja nicht nutzen, sagte ich mir. Der Zug war pünktlich. Kurz nach 19 Uhr (Ortszeit in Mexiko: ein Uhr mittags), also in vier Stunden, wäre ich zu Hause, könnte noch zwei, drei Bier trinken und hätte demnach die nötige Bettschwere. Gedankengänge unverzeihlicher Naivität.

Zumindest von Frankfurt/Flughafen bis Frankfurt/Hauptbahnhof ging alles gut. Dort standen wir dann. Etwa 20 Minuten nach der geplanten Abfahrtszeit, wir waren bis dahin ohne jede Information, kam eine Bahnmitarbeiterin und fragte, ob wir den Lokführer gesehen hätten. Da alle Fahrgäste ungenügend auf diese Abenteuerfahrt vorbereitet waren (dummerweise hatte ich meine umfangreichen Reiserecherchen hinsichtlich einer 5000-Kilometer-Fahrt durch Mittelamerika auf die dort liegenden zivilisierten Länder konzentriert), kannten wir diesen nicht und mussten die Frage unbeantwortet lassen.

Nach weiteren 30 Minuten beschied man uns, die Lok sei abgestürzt. Nach Alphabetisierungs- und Kommunikationsbemühungen stellte sich heraus, dass nicht die Lok selbst, sondern lediglich die sie steuernde Software abgestürzt und neu hochgefahren werden müsse, worum sich der zwischenzeitlich wieder aufgetauchte Lokführer derzeit bemühe. Ich verdrehte die Jetlag-geplagten Augen, denn ich wusste, was nun kommt. Zwei Reihen hinter mir erscholl das Vorhersehbare: »Die Lok fährt wohl mit Windows.« Womit auch immer, sie fuhr nicht. Mit zwei Stunden und 45 Minuten Verspätung verließen wir Frankfurt und waren dann gleichsam Geisterzug. Der nicht zu rettende, aufgegebene Zug. Bei Aschaffenburg *überholte uns der (leere!) ICE, der drei Stunden nach unserer planmäßigen Abfahrtszeit Frankfurt planmäßig verlassen hatte.*

Irgendwann kam Nürnberg. Und wieder diese Naivität. Mittlerweile sieben Stunden seit Abfahrt des Zuges von Frankfurt/Flughafen unterwegs, glaubte ich, über die neue Hochgeschwindigkeitsstrecke über Ingolstadt in knapp einer Stunde zu Hause zu sein. Hoffnung ist aber ein prärationales Phänomen, das, zumindest kurzfristig, eng mit dem grundlegenden Selbsterhaltungstrieb zusammenarbeitet. Alles in allem standen wir in Nürnberg 40 Minuten ohne jegliche Information. Dann die erlösenden Worte: Wir würden in wenigen Minuten abfahren (es wurden weitere 34 Minuten), die Hochgeschwindigkeitsstrecke sei aber dann nicht mehr benutzbar. Wegen Ruhestörung.

Doch auch nach dieser Ankündigung ging es irgendwie nicht zufriedenstellend weiter:

Ich habe nichts gegen Treuchtlingen. Warum auch. Treuchtlingen kann nichts dafür, dass ich es immer wieder mit gefühlten zwei Stundenkilometern durchrolle, wenn ich laut Fahrplan seit real existierenden zehn Stunden in München sein sollte. Es ist wiederum diese Naivität. Treuchtlingen durchrollend, nahm ich mein Gepäck und zog Richtung BordBistro. In knapp zwei Stunden hoffte ich zu Hause zu sein, Zeit für zwei Pils. Das Bistro war freilich verwaist. In reinstem Sächsisch wurde mir von einer Mitarbeiterin, die nicht beizeiten zu fliehen vermochte, mitgeteilt, dass kein Bier mehr ausgeschenkt werde. Außerdem hätte sie längst Feierabend, wäre der Zug pünktlich gewesen …

Mein Fazit: Ein ICE ist keine Boeing 747-400, das ist bekannt, ich verlange auch nicht von einem Esel, über Nacht zum Rennpferd zu werden. Wenn indes die erwähnte Boeing nach pünktlichem Start in Mexiko-Stadt zehn Stunden später pünktlich in Frankfurt/Main landet, während die via Rail&Fly gebuchte ICE-Fahrt vom Frankfurter Flughafen nach München länger dauert als der Interkontinentalflug, erscheint mir dieser Umstand dann doch erwähnenswert zu sein.

Dem Bericht von Herrn Ritz ist wenig beizufügen, außer vielleicht, dass es dieses Phänomen auch bei innerdeutschen Reisen über die gefeierten Schnellfahrtstrecken der Deutschen Bahn gibt. Beeindruckend, dass man in nur 90 Minuten von Berlin nach Hamburg, oder in einer Stunde und 40 Minuten von Hannover nach Berlin reisen kann. Doch wehe dem, der weiter nach Kiel oder nach Bernau muss und der schnell mal auf der »Kurzstrecke« die dreifache Zeit vertrödelt, die er auf der schnellen Langstrecke gespart hat, nur weil »dichte Zugfolge«, »Pendelverkehr«, »Signalstörungen« oder »Stellwerksschäden« seine Anschlusszüge aus dem Takt bringen.

Eine ganz andere Frage bewegt uns, wenn wir unser Augenmerk noch einmal auf die traurige Szene im Speisewagen lenken. Was eigentlich geht im Kopf des armen Servicepersonals vor sich, das tagein, tagaus in verspäteten Zügen sein tristes Dasein fristet und nicht wie schlussendlich jeder vernünftige Bahnreisende irgendwann einmal auf den Mietwagen umsteigen kann? Die ersten Jahre mag es ja noch spaßig sein, wenn man achselzuckend aus dem Großraum schlendert, während hinter einem der Frage- und Klagegesang nicht zu enden scheint. »Herr Zugbegleiter, kommen wir heute noch nach Würzburg? Fahren in Mannheim die S-Bahnen eigentlich auch nach ein Uhr nachts? Kann man das hier ein bisschen kälter machen? Ich habe so komisches Herzflattern …«

Junge Bahnbedienstete machen sich vielleicht manchmal einen Spaß daraus, genießen ihre scheinbare Überlegenheit, spielen mit ihrem (unterstellten) Vorsprung an Information, den sie in Wirklichkeit gar nicht haben, weil die »Transportleitung« sie ebenso im Ungewissen lässt wie das Heer der Reisenden. Manche haben untereinander Wetten laufen. »Was glaubst du, wer macht sich zuerst in die Hose? Der Dicke mit der Hornbrille oder die Grauhaarige mit dem Rollator?« – ein grausames Spiel, wenn im festsitzenden ICE sämtliche Toiletten gesperrt sind. »Wird der erste Reisende, der im Wagen 27 wegen der Hitze zusammenbricht, eine Frau oder ein Mann sein?« – »Wetten, dass ich im Wagen 9 mindestens sechsmal nach Kaffee gefragt werde, obwohl doch die Maschine für Heißgetränke wie immer ausgefallen ist?«

Doch mit den Jahren lässt der Spaß dann sicher nach. In fiebrigen Träumen erscheint den Bahnmitarbeitern immer häufiger eine amorphe Menschenmasse, die hilflos nach Kaltgetränken, Anschlusszügen, Reiseinformationen, Klimaregulationen, Verspätungsgutscheinen, ausverkauften Snacks und all dem ganzen anderen Servicekram schreit, den sich ständig wechselnde Fach- und Bereichsvorstände und ihre Berater ausgedacht haben. Viele Bahnbedienstete versuchen das, was sich da in fiebrigen Wachträumen meldet, zu ignorieren. Aber irgendwann geht es nicht mehr, denn es ist ihr Gewissen. Und so macht es sich Herr Ritz vielleicht ein bisschen einfach, wenn er der Servicefrau im Bistro unterschwellig unterstellen will, dass sie ihn mit dem nicht vorhandenen Bier und ihrem sächsischen Akzent erniedrigen will. Sie hat übrigens nie Sächsisch gesprochen, das kam Herrn Ritz nur so vor, weil wiederum sein Unterbewusstsein die Bierverweigerung und seine nachvollziehbare Verärgerung über die stundenlange Trödelei in Verbindung mit dem ausgeprägten Jetlag auf irgendein Opfer projizieren wollte. Und das Schlimmste, was seinem Unterbewusstsein in den Sinn kommen konnte, war seltsamerweise ein Sachse.*

Keine Weltreise, aber eine durchaus ärgerliche Verspätung erlebte Markus Münten aus Berlin. Beziehungsweise, er glaubt, eine Verspätung erlebt zu haben, was nicht ganz stimmt, wie wir später sehen werden:

Wer auf der Ost-West-Strecke zwischen Berlin und dem Ruhrpott pendelt, kann einiges erleben. Da fällt hin und wieder unterwegs einer der beiden zusammengekoppelten ICE-Zugteile aus – was bedeutet, dass alle Reisenden in dem verbleibenden Zugteil Platz finden müssen. Auch in der ersten Klasse wird es dann ziemlich

---

* Für die sächsischen Leser unseres Buchs sei angemerkt, dass wir dieses Sachsen-Bashing rundherum ablehnen. Andererseits hat ja jeder irgendwie eine landsmannschaftliche Hassfigur, sei es nun ein Sachse, ein Schwabe, ein Westfale oder ein Ostfriese. Man wird damit leben müssen.

kuschelig. Über Verspätungen regt sich auf dieser Strecke niemand mehr auf, der sie regelmäßig fahren muss. Über den Umgang der Bahn mit den Erstattungsanträgen hingegen schon: Es geschah vor einigen Monaten, dass der Montagfrüh-Zug von Berlin nach Gütersloh mal wieder einiges an Verspätung angesammelt hatte: Bis zum Umsteigebahnhof Bielefeld waren es exakt 39 Minuten. Damit war dann nicht nur der ursprüngliche Anschlusszug weg, sondern auch die nächste Reisemöglichkeit passé. Weil in der Regel nur zwei Züge pro Stunde von Bielefeld nach Gütersloh fahren, mussten wir den Zug nehmen, der exakt eine Stunde nach dem eigentlichen Anschlusszug in Bielefeld abfuhr. Somit kamen wir auch exakt mit einer Stunde Verspätung in Gütersloh an.

An dieser Stelle enden immer viele Berichte aufgeregter Bahnkunden. Herr Münten jedoch dachte, er müsse hier einmal für sein Recht kämpfen, oder das, was er dafür hielt, denn er war wegen dieser Verspätung sehr verärgert:

Ich stürzte mich also in den nicht minder ärgerlichen Papierkrieg, füllte online das Formular aus, druckte es aus und gab es am Bahnhofsschalter ab. Einige Wochen gingen ins Land, da erhielt ich ein Schreiben von der Bahn – mein Antrag wurde abgelehnt. Die Begründung: Ich hätte nur 59 Minuten Verspätung gehabt, eine Entschädigung stünde mir aber erst nach einer Stunde zu. An dieser Stelle wäre die Geschichte bei nicht wenigen Bürgern wahrscheinlich zu Ende gewesen – ich nehme an, dies war auch das Bahnkalkül. Ich allerdings habe mich so geärgert, dass ich mich erneut an die Bahn wandte, mit der Frage, wie denn der exakt eine Stunde später verkehrende Zug nur 59 Minuten Verspätung haben könne. Ich war erfolgreich: Wieder einige Wochen später billigte mir ein erneutes Schreiben die Entschädigung zu. Porto oder Aufwand für das zweite Schreiben an die Bahn wurden allerdings nicht erstattet.

Wenn Herr Münten glaubt, er wäre hier ungerecht behandelt worden, dann irrt er gewaltig. Zumindest, wenn man die Sache aus Sicht des Bahnmanagements betrachtet, das die Hoffnung auf einen Börsengang noch immer nicht ganz aufgegeben hat und zumindest heimlich von der kosteneffizienten Renditebahn träumt.*

Um dies näher zu betrachten, müssen wir an dieser Stelle einmal auf das Phänomen der »Teilstreckenverspätung« eingehen. Die vorhin zitierte Stiftung-Warentest-Untersuchung irrt nämlich nach Auffassung der Bahnverantwortlichen genauso wie die Millionen Bahnkunden, die glauben, ihr Zug hätte auf der von ihnen benutzten Strecke eine gewaltige Verspätung gehabt. »Nein, das ist falsch!«, ruft der Bahnstatistiker (der vom Bahnmanagement beauftragte Bahnstatistiker wohlgemerkt) und stellt folgende Überlegung an:

Ein imaginärer Bahnkunde, nennen wir ihn Schulze, fährt mit dem Intercity von Dortmund nach Bremen. Aufgrund diverser Probleme erreicht sein Zug den Zielbahnhof zwei

---

* Denn nur dann werden all die feinen Zusatzmillionen-Boni auf das private Konto überwiesen. Insofern handelt es sich um sehr intensive Träume.

Stunden zu spät. Schulze denkt nun, er habe Anspruch auf Entschädigung, diese wird schließlich bereits nach einer Stunde Verspätung gewährt. Und der Stiftung-Warentest-Prüfer wird diesen Zug auf jeden Fall als »verspätet« werten. Doch wo kämen wir da hin, argumentiert der Bahnstatistiker. Denn der Zug wird ja weiterfahren, nach Hamburg. Dort wenden und wieder zurück nach Süddeutschland reisen. Danach vielleicht in Stuttgart landen. Von dort nach Mannheim, wo er nach Leipzig eingesetzt wird. Wo bitte ist da die Grenze? Ist dieser Zug in diesem Fall immer noch verspätet? Obwohl er doch schon Tage unterwegs ist und seit einer Betriebspause wieder exakt im Fahrplan fährt? Sehen Sie! Es macht also Sinn, kleinere Einheiten, kleinere Strecken zu betrachten. Fragen wir Schulze, wie die zwei Stunden sich wirklich zusammensetzten, ergibt sich folgendes Bild:

- Zwischen Dortmund und Münster musste der Zug hinter einem langsameren Regionalzug herbummeln, anschließend an einem eingleisigen Abschnitt warten und verlor damit insgesamt 32 Minuten.
- Zwischen Münster und Osnabrück stand der Zug 47 Minuten an einem defekten Signal.
- Zwischen Osnabrück und Bremen verursachte ein Oberleitungsschaden 41 Minuten Wartezeit.

Also hatte der Zug auf keiner der genannten Teilstrecken eine Verspätung von mehr als 60 Minuten, so der Bahnstatistiker. Ähnlich wird es bei Herrn Münten gewesen sein. Die ihm am Ende nur dank Penetranz durchgesetzte Entschädigung wurde vermutlich völlig zu Unrecht gewährt, weil sich die 59 oder 61 Minuten Verspätung in Wirklichkeit gestückelt auf einigen unwichtigen Mikroabschnitten der Strecke ergaben.

Und für den Stiftung-Warentest-Kleingeist noch folgender Hinweis zu dem hier konstruierten Beispiel: Zwischen Dortmund und Ascheberg war Schulzes Zug pünktlich, ebenso von Osnabrück nach Bohmte sowie zwischen Diepholz und Kirchweyhe. Relativ gesehen jedenfalls, also wenn man die jeweilige Anfangsverspätung ignoriert. Das ist wie bei einer Mathematikarbeit: Wenn der Schüler am Anfang einen Rechenfehler macht und dann mit einem falschen Zwischenergebnis richtig weiterrechnet, dann ist die Aufgabe ab dem falschen Zwischenergebnis ja auch wieder richtig – oder zumindest nicht falsch.

Es wäre also völlig überzogen, pauschal von einem verspäteten Zug zu sprechen, vielmehr kann man sagen, dass sich bei diesem IC Verspätungen und Fahrplanerfüllungen durchaus die Waage hielten. Würden diese Überlegungen bundesweit angestellt, eventuell noch kleinteiliger als es hier möglich ist, man würde zu verschwindend geringen Verspätungswerten kommen, die sich lediglich auf völlig unbedeutende kleine Teilabschnitte beziehen. Die öffentliche Diskussion über die angebliche Unzuverlässigkeit der Deutschen Bahn und die damit verbundene Erhöhung der Börsengangwahrscheinlichkeit könnten damit eine ganz andere Wendung nehmen, denn niemand kann künftig vereinfachend von »verspäteten« Zügen sprechen!

Was aber macht die Bahn, wenn auch die kleinste denkbare Teilstrecke bereits eine Verspätung von nachweislich mehr als einer Stunde aufweist? Die Entschädigungsabteilung der Bahn spricht hier nicht bestätigten Gerüchten zufolge vom »Größten Anzunehmenden Unfall«, kurz: dem aus der Atomwirtschaft bekannten GAU. Nun, Martina Hoyer aus Hamburg hat unfreiwillig getestet und festgestellt, dass in ihrem Fall zunächst eine ihrer Auffassung nach willkürliche Entschädigung in Form eines Reisegutscheins erbracht wurde, dessen Wert weder 50 Prozent des Reisepreises noch 50 Prozent des halben Fahrpreises ausmachte:

Eigentlich soll bei mehr als einer Stunde Verspätung 50 Prozent des Reisepreises erstattet werden.* Nachdem meine sechzehnjährige Tochter mit knapp zwei Stunden Verspätung aus Mannheim in Hamburg ankam – alles ordentlich vom ServicePoint dokumentiert –, teilte man uns im Reisezentrum mit, da der Zug bis Hannover pünktlich gewesen sei, werde für die Erstattung auch nur der Streckenabschnitt Hannover–Hamburg gewertet. Auf so etwas muss man erst mal kommen!

Ja, Frau Hoyer, wenn es darum geht, Serviceleistungen zu umgehen und die Kunden an der Nase herumzuführen, erlebt man bei der Bahn regelrechte Kreativitätsschübe. Das erlebte auch Ihre Leidensgenossin Sandra Hofmeister aus

---

* Um keine Verwirrung entstehen zu lassen, Frau Hoyer irrt bei den Prozentzahlen: Nach den Fahrgastrechten ist die Bahn verpflichtet, für Verspätungen über 60 Minuten eine Entschädigung von lediglich 25 Prozent des gezahlten Fahrpreises für die einfache Fahrt zu zahlen. Bei Fahrkarten für die Hin- und Rückfahrt soll die Erstattung auf der Grundlage des halben entrichteten Fahrpreises berechnet werden. 50 Prozent gibt's erst ab zwei Stunden, und die wurden hier ja »leider« knapp verfehlt. Aber darum geht es in diesem Beispiel ja auch gar nicht.

Hamburg, die unfreiwillig in einem Theaterstück der Deutschen Bahn mit dem Titel *Neuer Tag, neues Glück* mitwirken durfte:

Vor ein paar Wochen wollte ich abends gegen kurz nach zehn Uhr mit einem IC von Münster/Westfalen nach Hamburg fahren. Als ich am Bahnhof eintraf, sah ich schon die Anzeigetafel mir bedrohlich entgegenblinken: »Voraussichtlich 80 Minuten Verspätung.« Das bedeutete also, dass ich nicht vor zwei Uhr nachts in Hamburg ankommen würde – vorausgesetzt, es bliebe bei diesen 80 Minuten … Und wie jedermann weiß: Die Wahrscheinlichkeit ist eher gering. Auf eine so lange Wartezeit und ein Ankommen in Hamburg mitten in der Nacht hatte ich jedoch absolut gar keine Lust!

Ich bin also direkt zum Servicecenter der Deutschen Bahn gegangen, und der nette Mitarbeiter bestätigte mir doch tatsächlich die 80 Minuten Verspätung meines Zuges auf der Fahrkarte und setzte einen Stempel drauf, dass ich am nächsten Morgen einen Zug nach Hamburg nehmen könnte. Er sagte mir noch, ich würde auch 50 Prozent Erstattung meines Fahrpreises erhalten, wenn ich zurück in Münster sei und die Fahrkarte beim Reisezentrum einreichen würde.

Die Hinfahrt am folgenden Morgen um zehn Uhr klappte gut. Als ich jedoch wieder daheim war und meine Fahrkarte wegen der Erstattung beim Reisezentrum einreichen wollte, sagte mir der Mitarbeiter: »Sie hatten gar keine Verspätung. Der Zug, den Sie dann nahmen, ist doch pünktlich nach Fahrplan gefahren!« Da bin ich

fast umgekippt: Immerhin bin ich mit einem ganzen Tag
Verspätung in Hamburg angekommen! Nach Meinung
der Bahn war ich aber pünktlich. Auf solche Rechnungen
kann auch nur die Deutsche Bahn kommen. Auf die Er-
stattung warte ich immer noch.

Wir sind an dieser Stelle nur bedingt optimistisch, dass das
noch etwas wird …

Auch Kristin Scheinhütte war mit der Entschädigungspo-
litik der Bahn nicht ganz zufrieden, nachdem sie wohl so
etwas wie eine mehrfache Teilstreckenverspätung erlebte, als
sie von Würzburg aus in ihre Heimatstadt Essen fuhr. Sie war
als Leserin früherer von uns verfasster Bahnratgeber eigentlich auf das Allerschlimmste gefasst. Ihr Bericht jedoch zeigt,
dass auch Profis nicht davor gefeit sind, beim Reisen mit der
Bahn allerschwerste Fehler zu begehen. Und wie heißt es so
schön: »Nicht nur der Berg, sondern auch die Bahn verzeiht
nichts.« Doch lesen Sie selbst:

Drei Stunden und zwölf Minuten sollte die Fahrt dauern,
ich plante, spätestens gegen halb neun zu Hause zu sein.
Der Zug kam pünktlich, deshalb machte ich mir keine
Sorgen. Ich stieg frohen Mutes in den komplett überfüllten
Zug und freute mich irrsinnig über meine Upgrades für
die erste Klasse, die ich nach jahrelangem Sammeln der
Bahnbonuspunkte endlich erhalten hatte und nun einen
davon vorzeigen konnte. Ich ergatterte mit Mühe und
Not den allerletzten Platz, lehnte mich bequem zurück
und entspannte mich. Die Fahrt ging los, doch nach nicht
einmal 20 Minuten hielt der ICE plötzlich mitten auf der

Strecke irgendwo im Nirgendwo vor Aschaffenburg. 20 weitere Minuten vergingen, ohne dass mitgeteilt wurde, was denn da eigentlich vor sich ging. Dann endlich die erste Durchsage: »Sehr geehrte Fahrgäste, aufgrund eines Oberleitungsschadens um Aschaffenburg wird sich unsere Weiterfahrt um circa 20 Minuten verzögern. Wir bitten, dies zu entschuldigen.«

Erneut vergingen 20 Minuten. In meinem Waggon bediente ein freundlicher und tatsächlich gut gelaunter junger Bahnmitarbeiter die Reisenden. Je länger wir standen, desto mehr Sekt servierte er einer Gruppe älterer Herrschaften, dementsprechend stieg die Stimmung und damit leider auch die Lautstärke. Nach einiger Zeit gab ich den Versuch, das Gebrüll der anderen Passagiere mit Musik zu übertönen und mich auf mein Buch zu konzentrieren, erfolglos auf. Zwischendurch immer wieder Durchsagen der bereits psychisch angegriffenen Zugchefin, sie wisse auch nicht, wie es weitergehe, sie würde uns rechtzeitig informieren. Mittlerweile war mehr als eine Stunde vergangen, und nun begannen meine Mitreisenden und ich uns zu fragen, was denn in Anbetracht der Situation eigentlich »rechtzeitig« bedeutete. Die meisten hatten bereits ihre Anschlusszüge verpasst, einigen schien das inzwischen aufgrund ihres Alkoholkonsums egal zu sein. Mir aber nicht, denn ich hatte nichts zu essen dabei und einen Mörderhunger. Von diesen grauenhaften Wasabi-Erdnüssen wird man ja nicht so richtig satt. Bevor ich losfuhr, hatte ich meinem Freund gesagt, er bräuchte mir nichts einpacken, ich wäre ja nur drei Stunden unterwegs, das würde ich locker bis zu Hause schaffen.

Wir standen und standen. Plötzlich bewegte sich der Zug, ein Raunen ging durch das ganze Abteil. Nach geschätzten drei Metern blieben wir wieder stehen, diesmal an einem winzigen Bahnsteig. Die Raucher unter den Passagieren sprangen sofort aus dem Zug, um sich die Lungen mit einer für die nächsten zwei Tage ausreichenden Überlebensration Nikotin zu füllen. Nach einer weiteren halben Stunde knurrte mein Magen so laut, dass die beiden Damen, die vor mir saßen, aufmerksam wurden und mir aus Mitleid einen Apfel, Schokolade und jede Menge Kekse schenkten. Dann die Durchsage: »Sehr geehrte Fahrgäste, um Sie für die entstandene Verspätung zu entschädigen, werden wir nun Gutscheinkarten an Sie verteilen, mit denen Sie einen Rabatt auf Ihre nächste Fahrkarte bekommen.«

Ein Mann in meinem Waggon winkte jedoch ab: »Gleich sagt sie sowieso durch, dass die Karten leider alle sind!« Tja, und so war es dann auch. Mit zitternder Stimme teilte uns die mittlerweile seelisch vollkommen zerrüttete Zugbegleiterin mit, dass es leider keine Karten mehr gäbe. Nach einem hysterischen Lachkrampf aller Mitreisenden kehrte langsam Ruhe ein. Wir warteten weiter. Irgendwann wieder Bewegung, wieder drei Meter nach vorne. Pause. Dann drei Meter zurück. Pause. Da capo.

Inzwischen spekulierte Frau Scheinhütte, dass dem Lokführer vielleicht genauso langweilig wie ihr selbst war und er nur deshalb dieses Spiel veranstaltete. Dann jedoch kam wieder »Bewegung« in die Sache:

Irgendwann erhielten wir die Information, der Zug würde nun über Hanau nach Frankfurt weiterfahren, da man Aschaffenburg für heute abschreiben könne. Nach gefühlten 20 weiteren Malen des spaßigen Vor-und-Zurückroll-Spielchens tuckerten wir endlich mit vielleicht 30 Stundenkilometern los. Das passierte in diesem Tempo dann bis Hanau. Die Begründung der gestressten Ansagerin: Der Lokführer kenne die Strecke nicht und traue sich daher nicht, schneller zu fahren.

Nach Hanau ging es etwas zügiger nach Frankfurt. Doch schon im Frankfurter Hauptbahnhof standen wir erneut. Fünf Minuten, zehn, 20, 30 ... Keine Durchsage, keine Information. Ich hatte mittlerweile errechnet, dass ich die letzte S-Bahn vom Essener Hauptbahnhof verpassen würde. In der Zwischenzeit war eine Dame zugestiegen, die Folgendes erlebt hatte: In einem völlig überfüllten Zug hatte sie geschlagene vier Stunden auf den Gleisen zwischen Nürnberg und Frankfurt gestanden, ohne Klimaanlage, ohne funktionierende Toiletten, und die Türen ließen sich auch nicht öffnen, und das in praller Sonne bei 30 Grad Außentemperatur. Als sie endlich Frankfurt/Main erreichten, wartete sie ergebnislos zwei Stunden auf den angeblichen Ersatzzug, der dann aber doch nicht kam. Da hatten wir es im Vergleich ja richtig gut gehabt!

Nach weiteren 45 Minuten verließen wir endlich Frankfurt. Es wurden drei außerplanmäßige Zwischenhalte bekanntgegeben, einer davon war meine Rettung, weil eine Freundin von mir dort wohnt. Bei der rief ich an, sobald es die vielen Funklöcher auf der Strecke

zuließen. Ich quartierte mich spontan bei ihr ein. Dann
machte ich mich auf die Suche nach der Zugbegleiterin,
um mir eine dieser Gutscheinkarten ausstellen zu lassen,
die es seit dem Halt in Frankfurt angeblich wieder gab.
Vielleicht hatte der Aufenthalt in Frankfurt wegen des
Verladens von Gutscheinkarten so lange gedauert? Als
ich die Bahnmitarbeiterin um den Gefallen bat, mir doch
so eine Karte zu geben, wäre sie beinahe in Tränen aus-
gebrochen. Sie tat mir wirklich leid.

Frau Scheinhütte ahnte an dieser Stelle, dass sie bereits die
243. Bahnreisende mit einem solchen Anliegen war.

Gegen kurz nach halb elf erreichten wir dann meinen
Rettungshalt. Wäre ich bis Essen weitergefahren, hätte
ich wohl am Bahnhof schlafen müssen, denn für ein Taxi
hätte mein Geld nicht mehr gereicht. Daher: Nie wieder
mit zu wenig Geld und ohne etwas zu essen mit der
Deutschen Bahn reisen! Übrigens: Der Rabatt auf meine
nächste Fahrkarte betrug 9,95 Euro.

Da kommt ja einiges zusammen, möchte man laut aufstöhnen. Beginnen wir gleich mit der letzten Einlassung. Stundenlange Verspätung, das Endziel nicht erreicht, vor Hunger
und Durst fast verendet. Und dann gibt es lausige 9,95 Euro
Entschädigung. Ungerecht? Nun ja, aus Sicht des Bahnkunden, aus Sicht normaler Menschen ist das so. Aber im
Bahnkosmos gelten andere Naturgesetze. Insofern muss man
sagen, dass Frau Scheinhütte im Grunde noch Glück hatte.
Dass sie nämlich nicht nachlösen musste. Zunächst einmal

ist ihr Zug eine wesentlich längere Strecke gefahren, als ihre Fahrkarte das hergab. Der Zug hat außerdem außerplanmäßig – und damit doch eigentlich mit Blick auf die zusätzliche Bremsleistung irgendwie kostenpflichtig – an drei Stationen gehalten. Weiterhin hat die Kundin mehrere Stunden über die gebuchte Zeit hinaus einen Sitzplatz besetzt und dabei bahneigenen Strom für Motorbetrieb, Licht, Lüftung, Klimaanlage (aus ihrem Bericht geht nicht hervor, dass diese wie üblich ausfiel) in Anspruch genommen.

Nicht zu vergessen: Die Bahn hatte erheblichen zusätzlichen Personalaufwand. Frau Scheinhütte berichtet ja selbst über den freundlichen Steward, der trotz Krisensituation mit einem Lächeln im Gesicht alkoholische Getränke servierte, über die psychisch angegriffene Zugchefin, die ständig neue Ausreden erfinden musste, weil die von der Transportleitung auf einem Merkblatt vorgegebenen längst erschöpft waren, die Zugbegleiterin, die mit dem Verladen und Ausstellen von Verspätungsgutscheinen weit über ihren eigentlichen Tätigkeitsbereich (zum Beispiel »Personalwechsel, die Fahrscheine bitte« schreien) hinaus eingriff sowie den herbeigeeilten Ersatzlokführer, der trotz völliger Orientierungslosigkeit nicht verzagte und den Zug schließlich doch noch in den sicheren Hafen steuerte, wenn auch sehr langsam. Sie alle haben sicherlich zusätzliche Dienste verrichten müssen – und wer soll eigentlich den ganzen Aufwand bezahlen? Wollen wir nicht wie Griechenland enden, müssen wir hier zu einer neuen Lastenverteilung kommen. Vor diesem Hintergrund kann sich Frau Scheinhütte wirklich glücklich schätzen, dass sie tatsächlich noch Geld zurückerhielt. Beziehungsweise einen Gutschein. Ob es ihr gelungen ist, diesen dann auch wirklich einzusetzen – es würde uns wundern –, ist leider nicht bekannt.

Ansonsten können wir nur immer wieder an alle verantwortungsbewussten Bahnkunden appellieren: Führen Sie bitte ausreichend Flüssigkeit und Nahrung* sowie verschiedene Zahlungsmittel mit sich. »Es dauert ja bloß drei Stunden …«, Frau Scheinhütte, Frau Scheinhütte, das ist wirklich ein schwerer Anfängerfehler!

---

* Wasabi-Nüsse erfüllen die Anforderung an »Nahrung« nur mangelhaft. Sehr gut sind dagegen Bundeswehr-Notrationen, die zwar nicht schmecken, aber unendlich lange halten. Interessanterweise haben im Discounter Ihres Vertrauens erhältliche eingekochte Blutwurst sowie Thunfisch aus der Dose ähnliche Haltbarkeitszyklen.

Der Kampf mit den Bahnbonuspunkten

Wann immer Sie eine Fahrkarte zum Beispiel an einem Fahrkartenautomaten buchen, wird das Gerät Sie fragen, ob Sie Bahnbonuspunkte sammeln. Es wird Ihnen auch viele andere Fragen stellen, Sie werden die falschen Knöpfe drücken und Ihren Zug verpassen – aber das ist eine andere Geschichte, die jetzt hier nicht relevant ist. Es geht ja um die an sich gute Absicht, dass die Bahn Ihnen ein wenig zurückgeben will für die Mühen, die Sie als regelmäßiger Bahnfahrer auf sich nehmen.

Zu diesem verwegenen Personenkreis gehöre auch ich. Warum genau habe ich im Laufe der Jahre vergessen. Am Anfang war es die Überzeugung, etwas Gutes zu tun, ein ökologisches Verkehrsmittel zu unterstützen, ein Zeichen gegen den immer schlimmer werdenden Individualverkehr zu setzen, zu beweisen, dass es nicht nötig ist, mit einer 180-PS-Maschine durch die Gegend zu brausen, sondern dass man viel besser, bequemer und häufig schneller reist, wenn man die Bahn nutzt. Nun, es gibt diesen bösen Spruch, der unter anderem dem britischen Staatsmann Winston Churchill zugesprochen wird: »Wer mit zwanzig kein Sozialist ist, hat kein Herz – wer es mit vierzig immer noch ist, hat keinen Verstand.« Ich bin jetzt über 40 und fahre aus alter Gewohnheit immer noch mit der Bahn, das sollte mir eigentlich zu denken geben …

Zurück zu den Bonuspunkten. Die Bahn hat das ein bisschen bei der Lufthansa abgekupfert, wie eigentlich alle Firmen, die in den letzten Jahren Rabattprogramme eingeführt haben. Bei der Bahn gibt es für jeden Euro, den man unvorsichtigerweise in Fahrkarten investiert, einen Bonuspunkt. Für 500 Bonuspunkte kann man (theoretisch) einen Fünf-Euro-Bistrogutschein erlangen, der Rabatt beträgt also ein Prozent. Jedoch nur dann, wenn Sie für den Fünf-Euro-Gutschein auch tatsächlich einen Gegenwert von genau fünf Euro erhalten, da »keine Teil- oder Vollauszahlung« des jeweiligen Gutscheinbetrags möglich ist, wie ein Blick in die umfangreichen Nutzungsbestimmungen des Programms zeigt.

Was kann man nun für fünf Euro im BordRestaurant erwerben? Für diesen Test habe ich die aktuelle Speisekarte der Bahn gesichtet, beziehungsweise ich habe zunächst die Tabelle studiert, in welcher Zugart der Bahn welcher Speisewagen mitfährt und was wiederum das jeweilige Angebot dieses Restaurants ist. Nach einer Stunde habe ich angesichts des Informationsoverkills verzweifelt aufgegeben, die Offerten unterscheiden sich, je nachdem, ob man den ICE 1, 2, 3, den ICE T 5, den ICE T 7, einen IC oder gar einen EC nutzt. Und dann muss man noch wissen, ob man es mit einem BordBistro, BordRestaurant oder ServiceAmPlatz zu tun hat, oder aber einem KeineAhnungAberEsHatZu oder einem WirHabenSchonGeschlossen. Die beiden Letztgenannten stehen komischerweise nicht in der Liste der Speisekarten, obwohl sie mir bereits häufig begegnet sind. Um das jetzt nicht ausufern zu lassen, notiere ich für die Bahnjuristen, die dieses Buch sicherlich mit Argusaugen studieren werden, dass meine nachfolgenden Ausführungen auf völlig unvollständigem Datenmaterial basieren und allenfalls eine polemische Meinungsäußerung darstellen.

Wenigstens kann ich versichern, dass unter den gesichteten Speisen die »Klassiker der deutschen Küche à la Alfons Schuhbeck« darunter waren.

Um es kurz zu machen: Mit der Geflügelcremesuppe (»mit Geflügelfleisch«) kommt man dem Ziel doch recht nahe, sie kostet 4,90 Euro. Die fehlenden zehn Cent könnte man als Trinkgeld einsetzen, obwohl ich vermute, dass es nicht auszahlungsfähig ist. Damit käme man dann auf einen Rabatt von 0,98 Prozent. Schlecht fährt man dagegen mit dem »Obstkuchen der Saison«. Kostet 3,20 Euro, damit gehen 1,80 Euro unrettbar verloren, der Rabatt sinkt auf 0,64 Prozent. Kombiniere ich aber den Kuchen mit einem heißen Getränk, dann – und nur dann – komme ich genau auf fünf Euro und damit auf ein glattes Prozent Rabatt. Eine andere Möglichkeit wäre, wenn man über mehr als einen Gutschein verfügt, die Preise der verschiedenen Köstlichkeiten so geschickt zu kombinieren, dass ein durch fünf teilbarer Gesamtbetrag entsteht. Wenn ich zum Beispiel die »Internationalen Käsespezialitäten«, den »Großen Salatteller« und das »Chili con Carne mit argentinischem Rindfleisch« bestelle, macht das genau 25 Euro. Ich hätte dann Bahnfahrten im Wert von 2500 Euro verheizt und außerdem Bauchschmerzen. Aber man muss wissen, was man will.*

---

* In Wirklichkeit ist es leider noch komplizierter. Es gibt nämlich so eine Art Zusatzrabatt, wenn ich auf einen Schlag ganz viele Bistrogutscheine ordere. Im genannten Beispiel (2500 Punkte) könnte ich Gutscheine für bis zu 40 Euro erhalten, mein Rabatt stiege dann auf 1,6 Prozent –

Doch halt! Bevor ich solche unsinnigen Entscheidungen treffen kann, muss ich ja überhaupt erst einmal in den Besitz von Bistrogutscheinen gelangen. Dazu ist es erforderlich, im Webportal der Bahn vorstellig zu werden und – falls man die richtige Unterseite findet – die Einlösung von Bahnbonuspunkten zu beantragen. Wer kein Login besitzt oder es wie ich immer vergisst (oder wer auch vergisst, wo er die Daten gespeichert hat), der muss sich »erstmalig« anmelden. Ich fülle also brav alle Anmeldefelder aus und erfahre dann, dass ich innerhalb weniger Tage mit der Post eine PIN zugesandt bekomme. Das ist irgendwie unbefriedigend. Ich will jetzt sofort Gutscheine und dann so schnell wie möglich die Schuhbeck-Gerichte verschlingen. Immerhin erweckt die Website den Eindruck, man könne auch ohne diese PIN in den Besitz von Prämien gelangen.

Also fülle ich weitere Felder aus, beantworte unter anderem die Frage nach meinem Lieblingstier (Erdferkel)*, gebe erneut die bereits hinterlegte Adresse und mein Geburtsdatum ein, nehme befriedigt zur Kenntnis, dass meine Daten dank »moderner Verschlüsselungstechnologie« sicher sind – und gelange in das nächste Formular. Hier kann ich jetzt meine persönliche Startseite konfigurieren. Mir ist nicht ganz klar, was das mit Alfons Schuhbeck zu tun hat, aber ich stehe das jetzt durch.

---

wenn es mir gelingen würde, die zusätzlichen 15 Euro passgenau in Schuhbeck-Gerichte umzutauschen.

* Wenn Sie denken, Sie könnten jetzt in mein Punktekonto einbrechen, weil Sie meine Antwort auf die Sicherheitsabfrage bei vergessenem Passwort kennen, dann haben Sie sich geirrt. Ich habe natürlich ein neues Lieblingstier, eins mit Schnabel …

Nach dem Lieblingstier ist jetzt die Lieblingsbahnverbindung dran. Ich gebe irgendetwas ein, aber das reicht dem Formular nicht. Es will weitere Lieblingsverbindungen. Ich klicke das weg, die Seite verschwindet – und ich stehe wieder ganz am Anfang des Formularwahnsinns. Beim zweiten Versuch gelange ich an einen Punkt, wo die Website wissen will, ob ich meinen aktuellen Punktestand sehen möchte. Das wäre gut, dann könnte ich ermitteln, ob ich mir vielleicht zusätzlich zu all den Leckereien auch noch Köttbullar, also Fleischbällchen in Rahmsauce, mit Wildpreiselbeergelee und Salzkartoffeln leisten kann. Ein Fehler, denn jetzt will das Formular die PIN haben, und die trifft doch erst »in einigen Tagen« per Post ein. So lange bleibt diese Seite bestimmt nicht aktuell.

Ich klicke »Abbrechen«, was falsch ist. Wieder stehe ich am Anfang. Zitternd gehe ich nochmals zu »Prämienpunkte einlösen«. Ich werde jetzt einfach keine Fragen mehr beantworten, keine Startseite konfigurieren, überhaupt gar nichts mehr tun. Tapfer gebe ich lediglich meine Nutzerkennung ein. Doch es ist zum Heulen! Ich benötige wieder die PIN. Abbrechen. Wieder zurück auf Start. Wenigstens habe ich inzwischen eine nette, automatisch erzeugte E-Mail mit einer Kundennummer erhalten, die hier aber auch nicht weiterhilft.

Weil das alles so schrecklich unergiebig ist, beschließe ich, einfach mal durch den Prämienkatalog zu stöbern. Ich muss ja gar nicht zwingend Bistrogutscheine nehmen, ich kann auch Reiseaccessoires, Videospiele oder Freiflüge bekommen. Die bunte Welt der Bahnbonusgeschenke. Na ja, Geschenke ist vielleicht übertrieben, vorher muss man ja durch diverse Martyrien, um überhaupt eine relevante Punktzahl zu erreichen. Aber diese Welt ist jedenfalls sehr faszinierend. Zunächst.

Mein Blick bleibt bei einer »Freifahrt« hängen. Klingt wie Freibier, sehr geschickt gemacht! »Genießen Sie eine kostenlose Fahrt in den Zügen der Deutschen Bahn«, umschmeichelt mich der Katalog. Hört sich ebenfalls sehr gut an, dazu noch erster Klasse. Wegen der fehlenden PIN weiß ich zwar nicht, ob ich die erforderlichen 2000 Bahnbonuspunkte besitze. Wenn ich aber meine Bahnfahrten der letzten Jahre bedenke, dann glaube ich, dass es reicht. Während ich mir vorstelle, wie ich mich im Erste-Klasse-Ledersitz rekele und mitleidig die zahlenden Gäste beobachte, fällt mir der Link »Informationen zur Prämie« auf. Das klingt nach Geschäftsbedingungen, und so ist es auch.

Nun erfahre ich, dass die Zustellung des Gutscheins per Post erfolgt, ich muss eine BahnCard haben, einen ICE, IC oder EC benutzen, ich darf den Gutschein nicht mit anderen Prämien kombinieren und nicht auf irgendwen übertragen. Will ich mein Kind mitnehmen, habe ich gefälligst die Nummern 3.2, 3.7.2 und 3.7.3 der »BB Personenverkehr« zu studieren. Außerdem gilt der Gutschein nur sechs Monate lang und »berechtigt nicht zur Fahrt«. Letzteres empfinde ich nun doch als sehr harte Auflage für einen Freifahrtschein.*

---

* Ja, ja, liebe Bahnjuristen, bitte noch nicht den Schriftsatz ans Gericht verfassen. Natürlich habe ich im Kleingedruckten gelesen, dass diese Regelung nicht meint, dass der Gutschein gar nicht zu gebrauchen ist, sondern dass ich ihn erst in einem Reisezentrum (nicht aber direkt im Zug) in einen Fahrschein umtauschen muss. Sofern und soweit »das durch das Verkehrsunternehmen bereitgestellte Kontingent« nicht schon aufgebraucht ist. Ganz toll!

Dann ist es vielleicht besser zu fliegen. Für 2500 Punkte bekommt man immerhin einen 50-Euro-Gutschein für Condor. Die Bahn ist offenbar von der Qualität des Schuhbeck-Essens derart überzeugt, dass sie im Vergleich zu Condor knausert. Dort gewährt man mir immerhin zwei Prozent Rabatt auf meine unzähligen, in der Vergangenheit erworbenen Bahnfahrkarten. Doch wie ich schnell bemerke, kommt man mit den 50 Euro nicht weit, da ist in der Regel nicht einmal die Flughafengebühr abgedeckt. Ein Flug nach Mallorca kostet dagegen 7000 Punkte, und ich weiß nicht, ob ich überhaupt so viel habe. Außerdem kann ich damit vielleicht nach Malle hinfliegen, die Bestimmungen drücken sich da nicht so genau aus. Nach Einlösen der Punkte würde man einen Code erhalten und müsste dann irgendetwas im Internet tun, was bei mir aber nie klappt. Den Rückflug müsste ich jedoch alleine buchen. Und wer weiß, ob der dann nicht teurer ist als ein Hin- und Rückflug bei einem Billiganbieter.

Ich grüble weiter, aber langsam gehen mir die Optionen aus. Koffer, Kinderspielzeug, das habe ich doch alles schon im Überfluss. Es ist ja nicht so, als dass ich nicht noch tausend andere Rabattkarten hätte ... Meine letzte Chance, die blöden Punkte loszuwerden, ist eine »Baumpatenschaft«. Für nur 500 Bonuspunkte (das ist dreimal die Strecke Flensburg–Passau ohne Ermäßigung) bekomme ich zehn Euro Baum* und engagiere mich »für den Erhalt der vielfältigen Schutzfunktionen« von Wäldern. Ich hadere. Der zweiten Bundeswaldinventur zufolge sind 31 Prozent Deutschlands mit Wald bedeckt. Braucht es da wirklich meine Spende? Was

* Das sind zufällig zehn Bäume, eigentlich recht günstig ...

wäre, wenn das alle machen? Laut dem Geschäftsbericht der Deutschen Bahn haben die Bahnreisenden 2010 gut 78 Milliarden Bahnkilometer zurückgelegt. Wenn nur ein Prozent davon einem Bahnbonuspunkt entspricht und alle diese Punkte in Baumpatenschaften umgesetzt werden, dann, dann … Mir raucht der Schädel. Das ist jedenfalls verdammt viel Wald. Dann ist gar kein Platz mehr für Getreidefelder. Wir werden alle verhungern, oder zumindest müssen wir uns von Walderdbeeren ernähren. Ich studiere nochmals die Website. Von schwerer körperlicher Arbeit ist da die Rede. Und die Waldschützer unterstützen auch die »Ziegenfreunde Bermersbach e. V.« Nein, ich glaube, da mache ich nicht mit.*

Nachtrag: Ich habe mich dann schließlich doch für die Bistrogutscheine entschieden, zumal die Bahnbonuspunkte zu verfallen drohten. Die erste E-Mail der Bahn war noch ganz verheißungsvoll. Da hieß es, man habe meinen Prämienwunsch über »Genussgutscheine« erhalten und die »Aktualisierung« meines Punktestands erfolge innerhalb von 24 Stunden. Ob und wann ich die Gutscheine erhalte, teilte die Bahn nicht mit, dafür kam aber die unverhohlene Drohung: »Ihre Bahnbonus-Prämienbestellung kann leider nicht storniert werden.« Den tieferen Sinn dieser Worte sollte ich bald erfahren. Zunächst jedoch erreichte mich eine weitere E-Mail mit der Ankündigung: »Innerhalb der nächsten

---

* Was ist eigentlich eine Bundeswaldinventur? Na ja, bei einer Inventur, zum Beispiel in einem Supermarkt, wird der Warenbestand gezählt. Ich stelle mir so eine Waldinventur und den Arbeitsalltag der damit befassten Personen daher sehr spannend vor: »Eine Kiefer, noch eine, und hey, hier stehen noch zwei herum …«

zehn Tage erhalten Sie Ihre Prämie bequem als Gutschein nach Hause geschickt.« Ich war sehr froh, dass man mir das »bequem« nach Hause und nicht zu einer Abholstelle am Bodensee schicken wollte. Ich wohne in Mecklenburg-Vorpommern, also sehr weit entfernt vom Bodensee. Dann jedoch geschah nichts. Niemand stellte mir »innerhalb der nächsten zehn Tage« irgendwelche Gutscheine zu. Ich wartete einen Monat, dann wandte ich mich hilfesuchend an den BardCard-Service. Die Antwort lautete:

Sehr geehrte Kundin, sehr geehrter Kunde, vielen Dank für Ihre E-Mail. Wegen eines außerordentlich hohen Aufkommens an Briefen und E-Mails sind wir trotz aller Anstrengungen zurzeit leider nicht in der Lage, Ihr Anliegen sofort zu beantworten. Wir bitten Sie daher noch um etwas Geduld und Ihr Verständnis für diese Situation. Wir werden Ihr Anliegen so schnell wie möglich beantworten.

Einige Tage später folgte eine weitere E-Mail:

Sehr geehrte Kundin, sehr geehrter Kunde, vielen Dank, dass Sie uns geschrieben haben. Seit einigen Tagen erreichen uns außerordentlich viele Briefe und E-Mails unserer Kundinnen und Kunden. Obwohl uns Ihr Schreiben bereits seit einiger Zeit vorliegt, sind wir trotz aller Anstrengungen derzeit leider nicht in der Lage, auf Ihr Anliegen individuell einzugehen. Bitte entschuldigen Sie diese Ausnahmesituation und die Ihnen hierdurch evtl. entstehenden Unannehmlichkeiten. Wenn Sie weitere Fragen haben, rufen Sie uns bitte an. Bitte rechnen Sie jedoch damit, dass sich aufgrund des zurzeit sehr hohen Anrufvolumens leider auch hier Wartezeiten für Sie ergeben können. Wir bitten um Ihr Verständnis für diese Situation.

Dann war in dieser E-Mail noch die kostenpflichtige Hotline angegeben. Ich verlor das Interesse. Warum sollte ich bei einer teuren Telefonnummer anrufen, die ohnehin immer besetzt ist?

Monate später erhielt ich völlig überraschend doch noch die Bistrogutscheine. Einziger Haken: Sie waren zwar »bequem« und auch per Post bei mir eingetroffen, inzwischen zeitlich jedoch quasi abgelaufen und bei meiner nächsten Bahnreise auch tatsächlich ungültig.

Warum die Bahn viele englische Durchsagen abschafft. Und warum das sehr unklug ist

Oh nein, wir wollen hier nicht triumphieren. Und obendrein besteht dazu kein Anlass. Denn wir müssen zugeben: Die neue Führung der Bahn unter dem unermüdlichen neuen Bahnchef, sie hat hart gearbeitet und etwas erreicht. Ein Zeichen gesetzt. Bewiesen, dass sie etwas reißen kann, egal was.

Was? Na hören Sie. Eben: Na hören Sie!

Sagen wir doch: Es geht um die Sprache, die uns die Bahn früher als Englisch verkaufte. Sie erinnern sich vielleicht noch: Ungefähr ab der Fußball-WM 2006 hörten Sie selbst in sächsischen *Go-to-nowhere-and-back*-Zügen aus scheppernden Zuglautsprechern auf einmal diese Durchsagen der ganz besonderen Art. Zuerst erklangen die ganz monotonen, für alle Nichtsachsen ohnehin kaum verständlichen Fahrplanhinweise in tiefsächsischem Bahndeutsch mit den typischen halbminütigen Pausen vor der Erwähnung von wichtigen Gleisnummern und Uhrzeiten. Und dann, nach einer weiteren Pause, folgte das Eigentliche, für Bahninsider: ES – eine gewagte Aneinanderreihung kehliger und knurrender Laute, eine Sprache wie nicht von dieser Welt, bei deren Ertönen zufälligerweise anwesende Touristen sich mit angstgeweiteten Augen aneinanderdrängten.

Zufälligerweise anwesende Fremdsprachler dagegen runzelten oberlehrerhaft die Stirn, schüttelten den Kopf in

Richtung attraktiver Mitreisender oder brachen in haltloses Prusten aus. Zum Glück aber fanden sich immer auch mitfühlende Einheimische. Diese gratulierten dem Zugchef, wenn er sich mit nass geschwitztem blauen Hemd und trockenem Mund wieder aus seinem Abteil wagte, erschöpft von der ungewohnten sprachlichen Zumutung – oh nein, denken Sie jetzt nichts Falsches, zur Häme besteht hier kein Anlass!

Sicher, es gibt gerade im Osten Deutschlands etliche Zugbegleiter, die früher noch Durchsagen auf Russisch bimsen mussten – »Genossinnen und Genossen, zückt die Fahnen, um unserem Großen Vorsitzenden zuzuwinken!« und die dann von der Deutschen Bahn aus Rache für die Mühen der Wiedervereinigung nicht einmal die Chance auf einen Sprachkurs in Englisch bekamen. Diese armen Menschen kauften sich dann entweder auf eigene Kosten einen Englischkurs, leider ohne die teuren Aussprachehinweise. Oder sie durchforsteten ihren Verwandten- und Bekanntenkreis nach »English Natives«. Im Regelfall waren die Einzigen, auf die dies einigermaßen zutraf, und die den Osten zugleich noch nicht verlassen hatten, noch schulpflichtig. Und so mussten sich im Dienst ergraute Zugschaffner, in ihren Zügen unumschränkte Herrscher solange kein Fremder aus der Stadt mitfuhr, der seine Menschenrechte kannte, von quiekenden Zwölfjährigen mit Bauchfrei-T-Shirt belehren lassen, wie die in ihrem Handbuch vorgeschriebenen englischen Durchsagen auszusprechen waren. Eine Schmach!

Und sicher, manche dieser Silberrücken, die zwar die englische Aussprache gelernt hatten, aber zugleich die sächsische Dialekt-Sprachbarriere beibehielten und so weiterhin befremdete Reaktionen der Fahrgäste ernteten, fühlten sich von diesen Gören irgendwie an der Nase herumgeführt. Und es ist nicht völlig auszuschließen, dass manche in ihrer Wut daran dachten, diese oder notfalls andere Kinder bei nächster Gelegenheit aus ihrem Zug zu werfen und zu behaupten, diese hätten keine Fahrkarte dabeigehabt.

Aber um diese Einzelfälle soll es hier jetzt nicht gehen. Auch nicht um die Kollegen in den westlichen Bundesländern, denen die Bahn ebenso wenig Englischkurse spendierte und die deshalb von kichernden Bahnfahrern so lange für Sachsen im Exil gehalten wurden, bis sie zur privaten Konkurrenz wechselten. Die bei der Bahn verbliebenen Kollegen merkten hingegen, dass es noch ein ganz anderes Problem mit den Durchsagen der Deutschen Bahn gab. Für das kein Zugbegleiter etwas konnte. Denn es gab gewisse, sagen wir: Unkorrektheiten bei den deutsch-englischen Übersetzungen im Zugbegleiter-Handbuch. Und jene Zugbegleiter, die sich durch einen von der Bahn bei der Einstellung übersehenen überqualifizierenden Schulbesuch oder den exzessiven Konsum von Popmusik passable englische Grundkenntnisse angeeignet hatten, befanden sich nun unversehens in einem gewaltigen Loyalitätskonflikt: Durften sie beim Sprechen eigenmächtig die Fehler ausbügeln und die Bahn vor den Ohren der Reisenden, die des Englischen mächtig waren, besser dastehen lassen? Oder würde genau das von den allgegenwärtigen zivilen Geheimkontrolleuren der Bahn als Übertretung der Befugnisse, unerlaubte Besserwisserei gegenüber dem Bahnchef, am Ende gar als Unternehmensverrat und Befehlsverweigerung gewertet werden?

Kein Wunder, dass viele der so Hadernden den altbekannten Ausweg wählten. Und den englischen Teil der Ansagen so vernuschelten, dass die Finessen der Übersetzung für die Fahrgäste nun wirklich das kleinste Problem waren.

Doch es gab Ausnahmen. Im August 2010 schrieb der promovierte Anglist und akustisch vielfach leidgeprüfte BahnCard-100-Fahrer Hergen Albus an die Deutsche Bahn:

Sehr geehrte Damen und Herren, als Wochenendpendler reise ich per BahnCard 100 regelmäßig mit Zügen der DB durch Deutschland. Dabei fallen mir die fehlerhaften Durchsagen des Zugpersonals in englischer Sprache auf. Worum es mir geht, sind die grammatikalischen Fehler, die sich konsistent durch alle Lautsprecherdurchsagen ziehen, die ich in den Zügen der DB zu hören bekomme. Als Beispiel kann der Satz: »In a view minutes we will be arriving Wolfsburg« stehen – es müsste heißen »at Wolfsburg«. Dieser Fehler ist, wie ich mich durch Nachfrage bei einem Zugbegleiter und einen Blick in sein Handbuch überzeugen konnte, nicht der mangelnden sprachlichen Kompetenz des Zugpersonals geschuldet, sondern rührt aus Fehlern her, die sich bereits im Handbuch finden. Konkret: Der Satz: »In a view minutes we will be arriving (Bahnhof)« steht in dieser Form im Handbuch, und er ist nicht der einzige fehlerhafte Satz dieser Art.

Ich mache Ihnen daher, auch um mein inzwischen leicht beschädigtes Sprachgefühl zu schonen, hiermit das Angebot, Ihr Handbuch zu überarbeiten, etwaige Fehler auszumerzen und die sprachliche Ebene der Ansagen der DB auf diese Weise zu verbessern. Über die Bezahlung

*meiner Dienstleistung werden wir uns schon einig, und sei
es eine freundliche Erwähnung in Ihrem DB-Magazin ...*

Unter uns gesagt: Ein günstigeres, sagen wir ruhig: billigeres
Angebot kann man einem Riesenkonzern, der mit Milliarden jongliert, nicht machen. Als die Autoren jedenfalls von
der Offerte des Dr. Albus hörten, schlugen sie sich fast an
die Stirn, aber dann schwiegen sie, beschämt über so viel
Nächstenliebe. Und erwogen, in einem Sonderkapitel dieses
Buchs zu analysieren, wie ein einziges abendliches Durch-
gucken und Korrigieren des englischen Teils des Handbuchs
seitens des beherzten Experten Dr. Albus der Bahn eine
gewaltige Imageaufwertung bei ihren gebildeten Kunden
bescheren würde.

Aber ach, so weit kam es nicht. Vielleicht gerade weil
Dr. Albus kein Geld wollte: Die Deutsche Bahn schlug das
selbstlose Angebot mit den beleidigsten Textbausteinen aus,
die auf die Schnelle im Computer zu finden waren:

*Sehr geehrter Herr Dr. Albus, vielen Dank für Ihren
Hinweis. Gerne teilen wir Ihnen mit, dass wir unsere
Mitarbeiterinnen und Mitarbeiter im Gebrauch der englischen Sprache schulen und kontinuierlich an einer Qua-
litätsverbesserung arbeiten. Bitte haben Sie Verständnis,
dass wir zum Handbuch keine weiteren Aussagen treffen
können. Ihren Hinweis haben wir aufgenommen und
dem Fachbereich für seine Auswertung zur Verfügung gestellt. Wir wünschen Ihnen stets angenehme Bahnreisen.
Mit freundlichen Grüßen, Ihr Team vom bahn.comfort-
Service.*

Hergen Albus arbeitet derzeit an einem Buch mit dem Arbeitstitel *Das Stellvertreterprinzip – Über die Unmöglichkeit, die Welt zu verstehen.* Das bezieht sich sicherlich auch auf die Bahnwelt. Und bei der Bahn vergaß man seinen Brief nicht.

Fast ein Jahr später zahlten treue, altgediente ICE-Lokführer es dem in Albus' Schreiben für die Bahn in so schmachvollem Zusammenhang erwähnten Ort Wolfsburg heim: Sie fuhren einfach durch. Sie hielten nicht, so sehr die Leute in ihren Zügen auch schrien, so sehr die auf dem Bahnsteig Wartenden auch rannten. Und stoppten erst einige Kilometer weiter: einmal in Stendal, das andere Mal in Berlin-Spandau.

Die Sprachproblematik löste die Bahn nach einem bewährten bahnenglischen Sprichwort: »If you cänt tschänge sssings – abbolisch sem!« (Schaffe ab, was du, und sei es auch noch so einfach, nicht verbessern kannst): Sie strich das *formally known as* »Benglisch« in Zügen und an Bahnhöfen in großen Teilen einfach weg: Handzettel sind nun keine »Flyer« mehr, Schalter keine »Counter«, die »Hotline« ist die gute alte Servicenummer (dass man nicht immer bekommt, was man darunter versteht, versteht sich), und es gibt möglichst keine »Highlights« mehr. Aber auch keine so richtig überzeugende Übersetzung. Eigentlich ist das nur ehrlich, denn gab es bei der Bahn jemals echte Highlights? Und in den Genuss der berühmten bahnenglischen Ansagen kommt man nur noch auf wirklich großen Bahnhöfen und in solchen Zügen, die Flughäfen mit internationalen Zielen anfahren.

Man kann nicht behaupten, dass man als Verfasser eines Buchs mit dem Titel *Senk ju vor träwelling* darüber froh ist.

Der Werbeeffekt durch die täglich hundertfach durchgesagte Verabschiedungsformel war nicht zu unterschätzen, und dass die Bahn genau diese Worte dort, wo noch Englisch gesprochen wird, in »Senk ju vor tschuusing« abgewandelt hat, spricht dafür, dass dies ihren Chefs durchaus bewusst war.*
Sicher nicht bewusst ist der Bahn im Übrigen der Umstand, dass auch den deutschen Formulierungen im Handbuch die Überarbeitung durch einen Freiwilligen, am Ende sogar Bezahlten, ganz guttäte – was aufmerksame Zuhörer wiederum dort merken, wo noch Englisch gesprochen wird. Wolfram Kiwit aus Dortmund beispielsweise schreibt:

> *Neulich, auf der ICE-Strecke Ruhrgebiet-Berlin, ging mal wieder nichts. Verspätung, Sperrung … Der Zugchef bemühte sich, den Reisenden das alles zu erklären, insbesondere die nicht zu erreichenden Anschlusszüge und den Umstand, dass es ab einer bestimmten Stelle nur noch mit Schienenersatzverkehr weitergehe. Dann folgte der ganze Sermon auf Englisch, und ich wartete gespannt, wie der Mann wohl »Schienenersatzverkehr« übersetzen werde.*

Umso erstaunter musste der Fahrgast dann registrieren, dass die englische Fassung lautete: »*You go by bus.*« Arme Engländer! Ihre Sprache ist so simpel, dass sie nie in den Genuss

---

* Eine Zugbegleiterin, wir brachten sie danach außer Landes, versicherte den Autoren sogar, es sei nunmehr ausdrücklich untersagt, »senk ju vor träwelling« oder auch »thank you for träwelling« zu sagen. Wir sind fest davon überzeugt, dass dies das Ergebnis der Arbeit einer eigens dafür eingerichteten bahninternen und hochgeheimen Arbeitsgruppe ist.

von Wörtern wie »Böschungsbrand«, »Stellwerksschaden«, »umgekehrte Wagenreihung« oder eben »Schienenersatzverkehr« kommen werden …

Wie gesagt: Es wurde etwas getan. Auch ein Bahnchef braucht Erfolge, gerade, wenn es diese furchtbaren Jahreszeiten gibt. Und hier wurde also ein deutliches bahninternes Signal gesetzt.

Welches, das werden die Bahner erst nach und nach merken. Denn natürlich, die meisten Zugbegleiter müssen sich (und ihre schulpflichtigen Verwandten) jetzt nicht mehr unnötig quälen. Doch andererseits: Wenn der Bummelzug mal wieder per Vollbremsung im Nirgendwo gehalten hat und geraume Zeit, also lange Zeit, stehen bleibt: Die Stimmung ist eine andere. Früher fungierte für die meisten unter den zickenden bis unterzuckerten Reisenden die Durchsage »Wie appoloscheiß for this, but we – äh, Moment (Rascheln, Husten) – cannot änt it! Plieeeß forgive as!« augenblicklich als Stimmungsaufheller. Zauberte ein Lächeln auf die Mienen. Das Eis war gebrochen, man kam ins Gespräch, tauschte Bahnanekdoten, Käsebrote und Adressen aus, dachte nicht mehr daran, den armen fehlsprachigen Schaffner zu lynchen, bot der frierenden hübschen Mitreisenden ein Plätzchen unter dem Mantel an. Und die paar Stündchen, bis der Zug dann wieder ruckend anfuhr, vergingen fast im Nu.

Und heute?

Andere Unternehmen geben für Krisenkommunikation viel Geld aus. Die Bahn hat sie abgeschafft.

Übrigens, man kann ja über den alten Bahnchef denken, was man will. Aber er scheint dazugelernt zu haben, wie man Sympathien gewinnt. Denn kaum wurde er Flugchef bei airberlin, um zu sparen, dass es kracht, verabschiedete dort eine Stewardess mit dem sicher nicht zufälligen Nachnamen Bahnmüller die Passagiere bei einer Landung in Stuttgart mit einer Durchsage in Dialekt, in dem Fall auf Schwäbisch: »Send se so freindlich und bleibed bidde so lang hogga, bis des Lemble mit dem Gurt druff nemme leichded.«

Die Sache kam bei den Passagieren überaus positiv an, zumal noch keine Rede von »technischen Störungen« war.*

Fazit: Wollen Sie bei den üblichen unerklärlichen Halten und übrigen Vorkommnissen etwas gegen die frostige Stimmung im Abteil tun, führen Sie doch ein Aufnahmegerät mit einer schönen alten »englischen« Durchsage (gibt es auf You-Tube) mit sich. Noch schneller werden sich die Mienen der Umsitzenden aufhellen, wenn Sie selbst einen »Englisch« sprechenden Zugbegleiter imitieren. Nur – bitte, Vorsicht! – nicht zu authentisch.

---

* Das ist bei airberlin angeblich erst für die kommenden Jahre vorgesehen, so will es zumindest eine perfide Verleumdungskampagne im Netz wissen.

Auf den Hund gekommen

Haben Sie Hunde? Wenn nicht, ist es sicherlich besser so, zumindest, wenn Sie einmal einen solchen Vierbeiner mit in die Bahn nehmen möchten. Sowohl Hunde- wie auch Nicht-hundehalter sollten sich die nachfolgenden Bemerkungen gut einprägen. Sie sind symptomatisch für das Serviceverhalten der Bahn. Und außerdem: Man weiß ja nie, denn wie Sie gleich sehen werden, ist man schneller Hund, als man denkt.

In den Beförderungsbestimmungen für das Deutsche-Bahn-Länderticket Bayern heißt es unter anderem: »Hundemitnahme: Kostenfrei.«

Erfahrene Bahnreisende riechen hier schnell den Braten. Da kann doch etwas nicht stimmen. Sollte ein Unternehmen, das für die »Bedienung« am Schalter Servicegebühren verlangt, tatsächlich kostenfreie Serviceleistungen im Angebot haben?* Schon der nächste Satz der Bestimmungen macht diese vagen Hoffnungen zunichte: »Entgeltpflichtige Hunde werden für die Berechnung der Teilnehmerzahl wie ein Erwachsener behandelt.« Und weiter: »Nehmen Sie mehr als

* »Bedienung am Schalter« – oje, wir wissen schon, lieber Bahner, völlig falsch, es muss natürlich korrekt »personalbedienter Verkauf« heißen, siehe Beförderungsbestimmungen (BB).

zwei eigene Kinder/Enkel mit, kann nur ein Erwachsener durch einen Hund ersetzt werden.«

Wie immer bei der Bahn: Man muss über den Sachverhalt länger nachgrübeln. Es gibt also neben dem kostenfreien auch den entgeltpflichtigen Hund. Wie sich die beiden unterscheiden? Unklar. Vielleicht geht es nach den Rassen. Dobermänner sind ganz klar kostenfrei, Windhunde und Dalmatiner dagegen ebenso klar entgeltpflichtig. Schäferhund und Golden Retriever? Schwierig zu sagen, es kommt wohl auf den Einzelfall an. Fakt ist jedenfalls, dass sie allesamt »wie ein Erwachsener behandelt« werden. Sie müssen also ihre Fahrkarte vorzeigen, bekommen in der ersten Klasse »Service am Platz« und dürfen selbstverständlich einen – sofern vorhandenen – Sitzplatz nutzen. Konsequent verlangen müsste man allerdings, dass künftig die Durchsagen in der Bahn nicht nur gegebenenfalls ins Englische »übersetzt«, sondern dass sie auch gebellt werden, und das an sämtlichen Bahnhöfen, nicht nur solchen mit Flughafenanbindung. Es soll übrigens Testzüge geben, in denen mit einigem Erfolg versucht wird, Deutsch, Englisch und Bellen praktischerweise gleich in einer einzigen Ansage zu realisieren. Außerdem sollte die kleine Speisekarte für die erste Klasse um einige Hundeleckerlis und Kauknochen erweitert werden, aber das nur nebenbei.

Trotz dieser an sich sehr positiven, weil tierfreundlichen Entwicklung der Deutschen Bahn (vergleiche dazu die später behandelte Haltung zu Kindern) bleiben viele Fragen offen. Wie »ersetzt« man eigentlich einen Erwachsenen durch einen Hund? »Lieber Werner, ich habe genug von dir, nie räumst du deine Klamotten weg, du lässt immer die

Zahnpastatube offen – und außerdem trinkst du zu viel. Ab heute wirst du durch Hasso ersetzt. Komm, Hasso, fass ...«
Kann das die Lösung sein, dazu noch mit quasi-staatlicher Duldung? Und warum entscheidet die Zahl der Enkel darüber, wie viele Erwachsene dieses schlimme Schicksal erleiden?

Dazu kommt noch eine ganz offenkundige Ungerechtigkeit. Akzeptieren wir mal einen Moment lang das Ersetzungsverfahren. Dann möchte man aber doch durch einen vergleichsweise großen und prächtigen Hund ersetzt werden, oder? Eine Deutsche Dogge ist in Ordnung, aber wer möchte sich schon durch einen Dackel ersetzen lassen? Dann sollten es wenigstens drei Dackel oder ein Dackel und ein Spitz oder zumindest zwei Collies sein.

Und warum eigentlich nur Hunde? Stellt diese Bestimmung nicht eine wirklich ungeheuerliche Diskriminierung aller anderen Tiere dar? Was ist mit Katzen, Meerschweinen oder aber Hirschen? Na gut, Letztere müssten vermutlich einen Geweihaufschlag bezahlen, was nur fair wäre, schließlich blockiert ein Hirsch immer zwei Plätze und versperrt auch noch den Gang. Er kann ja nur den Gangplatz nutzen, sonst stößt sein Geweih gegen das Fenster – oder er muss den Kopf immer in einer blöd gedrehten Haltung belassen. Was gar nicht zumutbar wäre, zumal, wenn er ordnungsgemäß bezahlt hat oder ebenso ordnungsgemäß einen Erwachsenen ersetzt, der mit einer Kleingruppe reist, in der die zulässige Höchstenkelzahl nicht überschritten wurde. Von diesen Auswirkungen wäre man nur dann nicht betroffen, wenn man kleinwüchsig ist, in diesem Fall könnte man unten durchgehen oder eben doch neben dem Hirsch sitzen. Ähnliches gilt für Elche.*

Übrigens, nicht nur für Hunde und andere Vierbeiner sind die Bahn-Beförderungsbestimmungen ein Buch mit sieben Siegeln. Auch normale Reisende können schnell etwas falsch machen, zum Beispiel wenn sie sich während der Fahrt von einem in der Erdumlaufbahn befindlichen Raumschiff in den Zug beamen lassen. Anders jedenfalls ist diese Vorschrift nicht zu interpretieren: »Beim Bayern-Ticket und beim Bayern-Ticket Nacht ist eine Erweiterung der Gruppengröße oder ein ›Austausch der Personen nach Fahrtantritt‹ nicht zugelassen. Bei der Buchung als Online-Ticket ist daher nicht die auf dem Ticket aufgedruckte Personenanzahl, sondern die tariflich maximale zulässige Personenanzahl am Tag Ihrer Reise entscheidend.«

Alles klar?

---

* Eine weitere Recherche ergab folgende ungefähre Umrechenfaktoren: Ein Erwachsener = ein Hirsch oder drei Katzen oder zehn Meerschweine (m/w); ein Kind = ein Hund (mittelgroß) oder sieben Hamster; ein Enkel = ein Hund (klein) oder zwei Schildkröten.

Helfen? Im Gegenteil!
Wie sich die Bahn
die idealen Kunden vorstellt

Ja, es stimmt: Zugbegleiter bei der Bahn ist ein abwechslungsreicher, aber nicht immer ein guter Job. Die Schichtdienste. Die Arbeitszeiten. Die trinkenden Jugendlichen, die am Wochenende die Regionalzüge zur Vorhölle machen und keine Uniform akzeptieren. Die Kunden, die werktags wissen wollen, warum man denn schon wieder stehen bleibt, obwohl ein Zugbegleiter das doch auch nicht weiß beziehungsweise auch gar nicht wissen kann.

Nein, gut ist das nicht, und da hilft alle Kosmetik wenig.

Etwa das ständige Umbenennen des Berufs. Der Mann (damals noch seltener: die Frau), der im Zug Tickets kontrollierte und nach dem Rechten sah, war zu Zeiten des Papptickets als »Schaffner« bekannt, später nannte man ihn dann »Zugbegleiter«. Mehr dazu später.

Aber vermutlich kam die Kritik an dieser Umbenennung dennoch beim Bahnvorstand an, denn derzeit heißen die uniformierten Frauen und Männer, die bahnseitig in den Zügen mitfahren, »Kundenbetreuer«. Was, klar, eine deutlich aktivere Rolle impliziert. Betreuung heißt mehr, als mit mürrischem Gesicht Tickets zu kontrollieren, das heißt Sich-kümmern-um-die-Fahrgäste, es bedeutet, sie ernst zu nehmen mit ihren Sorgen und Nöten. Vielleicht sogar – ihnen zu helfen.

Man muss sagen, bei einigen Frauen und Männern bei der Bahn hat sich das wirklich herumgesprochen. Lobend erwähnt sei jene jüngere Kundenbetreuerin, die im Frühjahr 2010 von Hamburg nach Ribnitz-Damgarten West im selben Zug fuhr wie einer der Autoren mit Frau und kleiner Tochter. Die Tochter aß ein Gebäckstück (nein, nicht: Gepäckstück) und war trotzdem dabei, krank zu werden, wovon vorerst weder der Autor noch seine Frau etwas wussten. Aber das Desaster nahm seinen Lauf: Kurz nachdem der Zug den Hamburger Hauptbahnhof verlassen hatte und an einer Weiche sanft zu schaukeln begann, erbrach sich die fiebernde Tochter im hohen Bogen. Auf die Hose ihres Vaters, auf das Hemd ihres Vaters, auf den Fußboden und durch den halben, aber voll besetzten Großraumwagen.

Fast eine halbe Minute war es still. Dann sprang eine Dame zwei Sitze weiter vorne hoch, um würgend und hustend auf die Toilette zu laufen und sich gleichfalls zu erbrechen. Und auch der jüngere Mann, der genau vor der Autorentochter gesessen hatte, war verschwunden, vermutlich, um sein Hemd im Nacken zu säubern und sich etwas frisch zu machen.

Zu diesem Zeitpunkt hatte der Autor endlich begriffen, dass es sich hier zwar um einen Elternalptraum, zugleich aber um furchtbare Realität handelte. Um eine Steilvorlage für die Bahn, nun ausführlich Rache zu nehmen für sämtliche Veröffentlichungen, in denen der Autor die Ansicht vertreten hatte, dass das Unternehmen Bahn unter gewissen Unzulänglichkeiten litt.

Der Autor erhob sich, patschte, nach allen Seiten Entschuldigungen murmelnd, nebst Tochter über den feuchten

Teppich zur Toilette, reinigte das Kind und sich notdürftig, übergab es der schreckensbleichen, Entschuldigungen nach allen Seiten murmelnden Mutter. Und machte sich ohne Hoffnung auf Milde auf die Suche nach einem Zugbegleiter.

Zum Glück traf er eben keinen Zugbegleiter. Sondern eine echte Kundenbetreuerin, eine, die sich als solche verstand. Aber das wusste der Autor nicht, als er sich unterwürfig näherte, mit dem Schlimmsten rechnend: »Entschuldigen Sie, meine Tochter, sie hat sich erbrochen, es tut mir so leid …« – »Ich rieche es«, erwiderte sie. (Als der Autor später im Hotel eintraf und die Leute vor ihm zurückwichen, erinnerte er sich wieder an diese Worte.)

Bis hierhin hätte das alles die Einleitung einer harschen Standpauke sein können, gefolgt von einer drakonischen Strafe, nämlich dem Säubern des gesamten Großraumwagens nebst aller angrenzenden Wagen. Natürlich gefolgt vom kostenpflichtigen Verlassen des Zuges, erstens unter Zuhilfenahme der Bundespolizei, zweitens bei strömendem Regen, drittens an einem seit Jahrzehnten verlassenen Bahnhof ohne Bus- und Taxianbindung.

Aber dann sagte die Kundenbetreuerin beruhigend, und es war, als hörte der Autor die Engel singen: »Das ist nicht so schlimm.«

Keine zehn Minuten später waren die Hinterlassenschaften der Tochter auf Teppich und Sitzen mit einem Neutralisierungsspray behandelt, waren die ringsum Sitzenden beruhigt und fand sich die kleine Familie des Autors mit einem Kaffee auf den Schreck im Kleinkindabteil wieder, wo die Tochter, der alles am peinlichsten war, nur noch beschränkten Schaden anrichten konnte.

Fassen wir zusammen: Wenn alle Zugbegleiter bei der Bahn solche Kundenbetreuer wären, dieses Buch wäre ein einziger Lobgesang.

Aber leider ist die Auffassung, dass die Tätigkeit des blau-uniformierten Zugpersonals sich trotz des neumodischen Begriffs doch eher auf das Begleiten beschränken sollte, nach wie vor erschreckend verbreitet.

Folgende Episode erlebte beispielsweise Petra Oppermann aus München an einem Ostermontag am Stuttgarter Hauptbahnhof:

Stellen Sie sich vor, eine Mutter mit
1. *Buggy nebst zweijährigem Inhalt und angehängtem Spielekoffer*
2. *dazugehöriger Zwölfjähriger nebst großem Trolley*
3. *prall gefülltem Tramper-Rucksack auf dem Rücken besagter Mutter, die zusätzlich noch*
4. *die Verpflegungstasche um die Schulter gehängt hat.*

Der ICE nach München wird in wenigen Minuten eintreffen, weshalb die Mutter Anstalten macht, sich auf den Einstieg vorzubereiten. Allein nicht machbar, aber das sollte kein Problem darstellen, da nur wenige Meter entfernt vier Bahnangestellte offenbar desselben Zuges harren. Mutter macht sich auf, um Erkundigungen zwecks Hilfe beim Einsteigen vorzunehmen.

Zuerst gefragt wird Frau L., die mit dem feschen roten Hütchen auf dem Kopf. Warum fühlt sich das schlichte Nein, gepaart mit einem sachlich-kühlen Blick, so an, als ob es an ein kleines Reptil gerichtet sei? Und wo genau befindet sich der Stein, unter dem es hervorgekrochen sein soll?

Bahnangestellte Nr. 2, ebenfalls weiblich, hat in weiter Ferne etwas derart Interessantes entdeckt, das mit so großer Aufmerksamkeit beobachtet werden muss, dass die Frage komplett an ihr vorbeizugehen scheint.

Gut, es gibt ja noch die Nr. 3, Bahnangestellter und damit männlich, der statt einer Antwort nur mit hektischer Gestik auf den Rollkoffer neben sich deutet und wieder zurück. Gefühlte Implikation: Wie um alles in der Welt soll ich denn meinen Rollkoffer bewältigen und auch noch an Ihrem Buggy mit Hand anlegen?

Tja, da Mutter das auch nicht weiß und ihr zu diesem Zeitpunkt der Hals wie zugeschnürt erscheint, wendet sie sich last but not least an Nr. 4, ebenfalls männlicher Natur.

Die von ihm abgegebene Antwort: »Wenn Sie genau hier einsteigen, wo ich jetzt stehe, also genau hier, dann kann ich Ihnen helfen« ist zwar nicht so ganz das, was mal allgemein als befriedigend bezeichnen würde, aber Mutter ist froh, damit wieder in die Kategorie Mensch, der Sprache mächtig, eingeordnet worden zu sein.

Zwei nette Passanten bieten sich an, Mutter den Buggy nebst Kleinkind und Spielekoffer in den Zug zu heben. Als kleine Überraschung raunt Frau L. (die mit dem feschen roten Hütchen) der Mutter auf dem Bahnsteig noch zu, sie könne sich ruhig an offizieller Stelle über sie beschweren.

Nr. 4 entpuppt sich übrigens als der Schaffner im ICE nach München und wird dann auch gefragt, wie es *zur – gelinde gesagt – unterkühlten Reaktion von Frau L. kommen konnte. Nach einigem Grübeln seinerseits ist auch der Mutter klar, dass die Hütchenträgerin sich wohl so richtig danebenbenommen hat, denn Nr. 4 mutmaßt, dass Mutter bereits die zweite Person mit diesem Anliegen gewesen sei.*

Um Frau L. nicht gänzlich zu enttäuschen, schreibt Mutter einen Brief.

Diesem Bericht ist kaum Satirisches hinzuzufügen, na gut, es hätte noch dazu kommen können, dass die unverschämte rot Behütete schließlich die Bundespolizei einschaltet. Um sich vor der krassen Belästigung am helllichten Tage zu schützen.

Jedenfalls können wir feststellen, dass Kundenfreundlichkeit und Hilfsbereitschaft bei der Bahn auch seit Einführung der Bezeichnung »Kundenbetreuer« offenbar kein bisschen relevant fürs Gehalt sind – man könnte eher den Eindruck gewinnen, dass die Bahn im Gegenteil jegliche Form von Fraternisation mit dem Transportgut Reisender bestraft.

Vielleicht war es aber auch so, dass sämtliche vier Bahnangestellten in Wirklichkeit keine Bahnangestellten waren. Sondern eine Guerillagruppe, die mit dieser Aktion auf einen Missstand in dem Unternehmen, nämlich mangelnde Hilfsbereitschaft, aufmerksam machen wollte. Oder sie waren doch echte Bahnangestellte, die insgeheim sogar aus tiefstem Herzen mit Frau Oppermann sympathisierten und nichts mehr erhofften, als dass diese sich beschweren möge – damit in der sich anschließenden Untersuchung endlich die nackte Wahrheit herauskäme, nämlich dass die Bahnsteige auf dem alten Stuttgarter Bahnhof so skandalös niedrig gebaut seien, dass man bereits beim Einsteigen ohne Gepäck die Unversehrtheit seines Rückens riskiere und außerdem noch bei Regen auf den nassen Zugstufen ausglitschen könne – ein weiteres, vielleicht endlich DAS ausschlaggebende Argument, »Stuttgart 21« unbedingt zu bauen. Denn unter der Erde kann es nicht regnen.*

Nur am Rande: Haben Sie eigentlich bemerkt, dass Frau Oppermann den Namen der rotbemützten Zugbegleiterin ganz offensichtlich lesen konnte, ihn aber aus sehr feiner Rücksichtnahme – ob die Frau diese verdient, sei dahingestellt – nur mit »Frau L.« abkürzt? Unter Umständen geschah dies aber auch aus einer Vorahnung heraus. (Mehr zum Wahrheitsgehalt der Namen bei der Deutschen Bahn am Schluss dieses Kapitels.)

Ach, es gibt natürlich noch eine weitere denkbare Lesart dieses Vorfalls: Die vier Bahnleute hätten Frau Oppermann eigentlich gerne geholfen, denn schließlich waren auch sie irgendwie Menschen. Aber sie hatten furchtbare Angst davor, dass die Mutter vor ihnen in Wahrheit eine verdeckte Zivilkontrolleurin der Bahn war, eine Agente provocateuse, geschickt, um sie auf eine böse Probe zu stellen.

Warum? Auf welche Probe? Nun, haben Sie sich schon einmal einen Werbespot der Bahn zu Gemüte geführt? Nicht den Internetspot vom Büro, das sich, kaum ist der Chef per Chefticket aus dem Haus, in ein Sodom und Gomorrha nebst Strapsen und Sado-Maso verwandelt, nein, einen ganz

---

* Es sei denn, das viel diskutierte »Grundwassermanagement« der Deutschen Bahn versagt. Dann aber ist nicht die Bahn schuld, sondern das Grundwasser. Oder besser gleich die Demonstranten.

normalen Fernsehspot? Haben Sie? Und sieht man in diesen Spots einmal jemanden, der einen größeren Koffer oder einen zusammengeklappten Kinderwagen schwitzend und schnaufend durch die im Gang Stehenden wuchtet? Nein. Sieht man dort ein bekanntermaßen ab und zu schreiendes kleineres Kind? Abermals nein. Denn ganz offensichtlich gehört keins von beiden zu dem Bild, das sich die Deutsche Bahn von ihrer Kundschaft macht. Und so ist weder für kleine Kinder noch für größeres Gepäck in den heutigen Zügen ausreichend Platz.

Denn unbemerkt von der Öffentlichkeit hat die Bahn ein ehernes Geschäftsprinzip einfach umgedreht: Wenn sich die Bahn nicht auf ihre Kunden einstellen kann, dann muss sich der Kunde eben auf die Bahn einstellen. Basta! Und so ist man seit Jahren dabei, sich den idealen Bahnreisenden heranzuziehen. Der ist zwischen 29 (um sich die Preise leisten zu können) und 59 (um bei plötzlichen Gleiswechseln noch schnell genug rennen zu können), verfügt über viel Tagesfreizeit (um klaglos einen Anschluss verpassen zu können oder auch gleich mehrere), klagt nicht, sondern nimmt die Dinge mit Nonchalance und Humor (denn alles andere wäre ja spießig), und führt Notvorrat und Wechselwäsche stets in einem Köfferchen mit sich, in einem Köfferchen höchstens mit den Ausmaßen eines Handgepäckstücks im Flugzeug.*
Denn bestimmt erinnern Sie sich: Die Bahn wollte eigent-

---

* Vielleicht sind die Bahnverantwortlichen aber auch nur fanatische Fans von Harry Potter und glauben fest daran, dass man mit ein wenig Hexerei tonnenschweres Gepäck, also ganze Hausstände, in einer kleinen Zauberhandtasche unterbringen kann. Wenn man es denn nur will – und natürlich nur, wenn man in Hogwarts gut aufgepasst hat.

lich nicht Menschen von einem Ort zum anderen bringen, sie wollte mit Zustimmung der Politik dem innerdeutschen Flugverkehr Konkurrenz machen.

Und so entwickeln manche nach Beförderung gierende Zugbegleiter (nein, das Wort »Betreuer« haben sie nicht verdient) einen fast unheimlichen Ehrgeiz. Vor allem, wenn sie es mit Kinder- und Gepäckreichen, also gesellschaftlichen Randgruppen, zu tun haben. Die noch so unvorsichtig sind, die Werbesprüche der Bahn ernst und nicht das Auto zu nehmen.

Wie beispielsweise Uta Kaufmann, die sich mit zwei Freundinnen auf einen wunderschönen Urlaub an der Nordsee freute. Allerdings war eine der Freundinnen schon ziemlich schwanger – nein, die Bahn beherrschte sich und wollte dafür keinen Zuschlag –, und die anderen beiden hatten jeweils ein zweijähriges Kind dabei. Samt Kinderwagen natürlich:

Wohl wissend, dass man lieber nicht kurzfristig mit der Bahn plant, haben wir just in dem Moment, als die dreimonatige Vorkaufsfrist begann, unsere Fahrkarte erworben – und nein, das Kinderabteil war schon für die Hin- und Rückreise ausgebucht!, schreibt Uta Kaufmann. *Auch ein Anruf bei der Bahn brachte nichts. Also ein normales Abteil gebucht. Nur wohin mit den Kutschen der Kleinen? Denn auf der Hinreise war der Zug bis Hamburg komplett ausgebucht, und alle Stellplätze in der Nähe unseres Abteils waren voll mit Gepäck. Aber es war kein Problem, die Kinderwagen im Bistro unterzustellen, mit freundlicher Genehmigung des Zugbegleitpersonals.*

So weit war auf der Hinfahrt noch alles gut. Ungemütlich wurde es dagegen auf der Rückfahrt, einen Tag nach Himmelfahrt. Und das, obwohl der Zug, berichtet Uta Kaufmann, im Gegensatz zur Hinfahrt eher normal besetzt bis leer war. Platz für die Kinderwagen war trotzdem nicht:

Kein Problem, gleiche Lösung wie für die Hinreise. Da kam eine freundliche Durchsage, dass der ICE über 200 Stundenkilometer fährt.

Offenbar schien das dem Zugbegleiter nach den ganzen Sommer- und Winterproblemen so außergewöhnlich, dass er es voll Stolz erwähnte. Aber mit einem Hintergedanken:

Deshalb wurden die Reisenden gebeten, das Gepäck aus den Gängen zu nehmen und zwischen die Sitze und auf die Gepäckablage zu stellen.

Es handelte sich also um einen Hundertprozentigen, einen, der erst in seinem Zug Verhältnisse wie im Flugzeug vor dem Start herstellen wollte, nur ohne Notausgänge, und dann vermutlich dem großen alten Bahnchef zu airberlin nachfolgen wollte, um dort ebenfalls die Notausgänge abzuschaffen.

Dass das Gepäck teilweise weder zwischen die Sitze noch auf die Gepäckablagen passte oder Leute erschlagen würde, falls der Zug unerwartet bremste, spielte keine Rolle. Wir wurden aufgefordert, die Kinderwagen aus dem Bistro zu entfernen und zusammenzuklappen und

»unter die vorgesehenen Plätze« zu stellen. Wo waren diese Plätze? Wir wussten dies nicht.

Und nun nahm der Showdown seinen Lauf. Auf der einen Seite: ein milliardenschweres Großunternehmen, die Deutsche Bahn. Auf der anderen Seite: drei Frauen mit drei Kindern, eins davon noch nicht einmal geboren. Scheinbar ein ungleicher Kampf, dessen Ausgang bereits von vornherein feststand:

Der Zugbegleiter stellte sich später bei uns persönlich vor und wies uns noch einmal auf die Beförderungsbedingungen hin. Auf unsere Nachfrage: »Wo sind diese für Kinderwagen vorgesehenen Plätze?«, antwortete er: »Im Kinderabteil.« Ja, aber das war ja ausgebucht, erklärten wir. Na ja, dann könnten wir die Kinderwagen zusammenklappen und unter die Sitze legen. Leider hatte er dabei die Stützen unter den Sitzen vergessen, sodass die Kinderwagen nicht darunterpassten.

Eine überraschende Wendung: Zumindest für den Zugbegleiter schien der Ausgang dieses Kräftemessens nun auf einmal nicht mehr festzustehen. Wahrscheinlich hatte er noch niemals im Laufe seiner kurzen steilen Karriere Gelegenheit gehabt, sich auf den Bauch zu legen und die Sitze von unten anzusehen. Ein Fauxpas, der ihn wohl gewaltig wurmte, denn nun wurde er destruktiv:

Sein Vorschlag war: Schaffen Sie sich andere Kinderwagen an. Dann wies er uns darauf hin, dass der schwere

große Koffer unserer schwangeren Begleiterin nicht auf
dem Sitz, sondern auf der Gepäckablage abgelegt wer-
den müsste. Wir wiesen darauf hin, dass der Koffer uns
alleine zu schwer sei, zumal eine von uns hochschwanger
sei. Aber gern wollten wir mit ihm zusammen den Koffer
hochheben. Daraufhin schlug er uns vor, nächstens ande-
re Koffer auf Reisen mitzunehmen.

Wir wissen nicht, wie die Stimmung im Abteil war und ob
der Zugbegleiter nicht eigentlich vorhatte, den Frauen noch
ein anderes Urlaubsziel und den Verzicht auf Kinder nahezu-
legen. Aber dazu kam es nicht, da sich der besserwisserische
Herr in Uniform nun deutlich in der Defensive fühlte. Und
sein Hauptproblem war* ein typisch männliches: Er hatte
nun mal gesagt, dass Kinderwagen und Gepäck UNBEDINGT
aus dem Weg müssten, ohne nachzudenken – aber er hatte
es gesagt. Und als Autoritätsperson in Uniform konnte er
das, was er einmal gesagt hatte, keinesfalls zurücknehmen,
so dämlich es auch war. Denn sonst hätte er seiner Meinung
nach sein Gesicht verloren, seinen Ruf verspielt, sich alle
weiteren Karrierechancen ruiniert. Es war ungefähr wie bei
»Stuttgart 21«. Und nun merkte er: Er kam nicht weiter. Es
sind Situationen wie diese, in der sinnlose Kriege vom Zaun
gebrochen werden, in der erwachsene Männer aufbrüllend
zentnerschwere Koffer aus Zugfenstern schleudern, auf Kinderwagen so lange wild schluchzend herumspringen, bis sie
garantiert unter den Sitz passen, für alle Zeiten.

Doch derlei ist nicht überliefert. Auch nicht, wie sich der

---

* Dumm, dass das jetzt männliche Autoren schreiben müssen …

Herr aus der Affäre zog. Ob er türenknallend entschwand. Ein eintreffendes Telefonat simulierte. Oder den Zug an irgendeinem idyllischen kleinen Bahnhof außerplanmäßig halten ließ, um auszusteigen und all seine Wut am nagelneuen Bahnhofsmülleimer auszulassen. Denn dass er die Situation löste, scheint aufgrund seines Vorgehens ausgeschlossen.

Nun aber noch einmal zu den Beförderungsbedingungen (BB). Und siehe da: Wir hatten recht mit unserer Vermutung, die Bahn wolle sich rein gepäckmäßig den Bedingungen im Flugverkehr annähern. Die Eisenbahn-Verkehrsordnung (EVO) in der Fassung vom 29. Mai 2009 bestimmt unter Paragraf 16 – Mitnahme von Handgepäck und Tieren: »Der Reisende darf leicht tragbare Gegenstände (Handgepäck) unentgeltlich in die Personenwagen mitnehmen. Dem Reisenden steht für sein Handgepäck nur der Raum über und unter seinem Sitzplatz zur Verfügung.«

Klare Worte. Noch dazu ein Fanal gegen den Gepäckwahn und Wasser auf die Mühlen all derer, die der Ansicht sind, ihr Partner/ihre Partnerin schleppe auf Reisen sowieso immer viel zu viele Klamotten, Schuhe, Ersatzhandtaschen mit: »Schatz, sorry, zu viel ist illegal« – DAS Totschlagargument in der nächsten Diskussion ums Urlaubsgepäck!

Doch trotz dieses positiven Nebeneffekts drängen sich weitere Fragen auf: Was ist mit den Gangplätzen in Großraumwagen, über denen sich kein Gepäckfach befindet, denn das verläuft nur über den Fensterplätzen? Müssen die Benutzer dieser Gangplätze ihr gesamtes Handgepäck also unter ihrem Sitzplatz verstauen? Oder müssen die danebensitzenden Fensterplatzbesitzer den Gangsitzern nicht auch Platz in der Gepäckablage einräumen, und wenn ja, wie viel? Und noch etwas zur Körpergröße: Würde, theoretisch, ein sehr kleinwüchsiger Mensch*, der drei, vier Taschen unter seinem Sitzplatz und seinen kurzen Beinen unterbringen kann, dies wirklich dürfen, während ein Großgewachsener sich aufgrund seiner langen Beine und raumgreifenden Füße unter Umständen nur mit dem Gepäckfachplatz zu begnügen hätte?

Und wäre das nicht eine krasse Benachteiligung Großgewachsener?

Sie sehen, jede Menge Konfliktpotenzial – was übrigens nach Paragraf 19 vorläufig ausgerechnet die Zugchefs, also fähige und hoch besonnene Männer wie der flugzeugbesessene Karrierist von vorhin, zu lösen hätten.

Aber jetzt doch zur Gretchenfrage: Zählen Kinderwagen zum besagten Handgepäck?

Anscheinend ja. Zumal wenn sie eigentlich Buggys sind, sich also so zusammenfalten lassen, dass sie (fast) unter den Sitz passen. Und wenn das nicht geht, dürfen sie auch in die Gepäckablage? Warum denn nicht! Und was, wenn der knappe Platz im Gepäckfach ebenfalls ausgeschöpft ist, man hat ja in der Regel bei der Fahrt in den Urlaub nicht nur einen Kinderwagen dabei? Müssen Bahnreisende, wenn sie schon so unverschämt sind, mit Kind und Kegel nicht dazubleiben, wo sie hingehören, nämlich zu Hause oder im Auto, dann an der Nordsee eigens einen Urlaubsbuggy erwerben?

Nein. Denn da gibt es noch Punkt 7.1. in den Beförderungsbedingungen für Personen durch die Unternehmen der Deutschen Bahn AG (BB Personenverkehr, gültig vom 12.

---

* Sie merken: Auch nach dem Abgang des ehemaligen Bahnchefs scheint bei der Bahn eine geringe Körpergröße von Vorteil zu sein.

Dezember 2010 an, Nachtrag 3, gültig vom 12. Juni 2011), den »Traglast«-Paragrafen: »Neben Handgepäck darf der Reisende ein Stück Traglast mit sich führen. Traglasten sind Gegenstände, die – ohne Handgepäck zu sein – von einer Person getragen werden können.« Mehrjährige Experimente der Autoren haben ergeben, dass ein gefalteter Kinderwagen selbst größeren Kalibers durchaus von einer Person getragen werden kann. Erst recht gilt das für Kinderwagen kleineren Kalibers. Mehr noch, ein Kinderwagen gehört nicht laut Punkt 7.1. zu den Gegenständen, die keinesfalls als Traglast mitgenommen werden dürfen, wie etwa radioaktive Stoffe, Sprengstoff, Mopeds, Mofas oder »Gegenstände, die andere Reisende behindern, belästigen oder Schäden verursachen können«.

Was heißt: Bei gutwillig gefalteten und verstauten, also ungefährlichen Kinderwagen dürfte nun selbst bei Nicht-Buggys wirklich kein Problem bestehen, sofern sie so untergebracht werden, dass niemand über sie stolpert. Ob das im Kleinkinderabteil sein muss oder unter den Sitzen, dazu schweigen die Beförderungsbedingungen, zumindest die den Autoren vorliegenden. Es ist auch nirgendwo von »vorgesehenen Plätzen« für Kinderwagen die Rede, wie der Überflieger-Zugbegleiter steif und fest behauptete. Bleibt zu sagen: Es kann durchaus sein, dass die für Kinderwagen vorgesehenen Plätze existierten – allerdings ausschließlich in seinem Kopf.*

---

* Uns beschleicht an dieser Stelle das ungute Gefühl, dass möglicherweise die einzige Wirkung unseres Buchs auf das Bahnmanagement darin liegen könnte, dass es die Beförderungsbedingungen in diesem Punkt verschärft oder die Fahrscheinpflicht für Kinderwagen einführt. Aber dann sage noch einer, die Bahn sei nicht lernfähig.

Zur Entschuldigung des Mannes kann natürlich angeführt werden, dass er auch nicht mehr weiterwusste, weil in seinem Zug schon alle verfügbaren Stauräume mit Gepäck gefüllt waren. Und wir könnten anführen, dass es für derart ausgebrannte und verrannte Bahnmitarbeiter ein Refugium im Sauerland gibt, einen Ort der Stille mit fachkundiger Betreuung, wo schon viele Menschen wie er wieder aufs rechte Gleis gefunden hätten. Ohne das Risiko eines herannahenden Zuges. Es gibt jedoch keinen solchen Ort. Und gäbe es ihn, die Bahn würde es nicht zugeben.

Aber nun noch mal: Kann es das Problem des individuellen Reisenden sein, wenn ein Zug der Deutschen Bahn insgesamt über zu wenig Stauraum verfügt – und ein Zugchef der Deutschen Bahn ausgerechnet in diesem Zug die neurotische Idee verfolgt, sämtliches vorhandenes Gepäck habe sich in Luft aufzulösen? Hätten die drei Frauen wirklich ahnen müssen, dass ausgerechnet in diesem Zug überbotmäßig viele Reisende mit voluminösem Reisegepäck unterwegs sein würden? Hätten sie sich am Ende an einen Hellseher wenden sollen, um ganz sicherzugehen, im Zug keinen Ärger mit dem Personal zu bekommen, nur weil sie es wagten, mit Kinderwagen zu erscheinen?

Sicher, wenn der Wahrsager ihnen dann geraten hätte, den Teufel zu tun und nicht mit Kinderwagen zu fahren, und die Mütter es aus ökologischen Gründen und der schönen Werbung willen trotzdem hätten tun wollen – dann hätten sie die Kinderwagen auch verschicken können.

Die Bahn hat sich dafür den beziehungsreichen Namen »Reisegepäck« ausgedacht, verbunden mit einem System, das ganz leicht geht, oh ja! Einfach am Bahnhof einen Gepäck-

schein kaufen, wobei ein Kinderwagen als »Sondergepäck«*
gilt. Die Bahn holt ihn dann von zu Hause ab, wobei man den
Kinderwagen am Werktag vor der geplanten Abholung bis
zwölf Uhr anmelden muss. Am Tag der Abholung sollte man
sich sicherheitshalber frei nehmen, damit man ja da ist, wenn
der Gepäckkurier klingelt. Und dann heißt es nach Erreichen
des Ferienorts ganz fest die Daumen drücken, dass der Kinderwagen auch wirklich ankommt. Doch Daumendrücken
hilft nicht allein: Aller Erfahrung nach müssen Sie noch einen
Tag in der Ferienwohnung herumsitzen, damit auch jemand
da ist, wenn der Gepäckkurier klingelt – während am Strand
all die mit dem Auto Angereisten schon ihren Urlaub genießen. Und das Gleiche wieder auf dem Rückweg.

Familien, in denen es ausnahmsweise keinen hauptamt-
lichen Gepäckbeauftragten gibt, weil alle Erwachsenen
arbeiten, müssen dafür im schlimmsten Fall nur vier Ur-
laubstage extra einkalkulieren – ein Traum!

Von wegen, sagen Sie nun, das ist ja umständlich, furcht-
bar, grauenhaft!

Aber so ist es nun mal. Und wer gepäckmäßig und auch
sonst nicht kooperiert, gegen den gehen hoch motivierte
Kundenvergrauler mit harten Bandagen vor. Maria Hilt weiß
vom Schicksal einer befreundeten Familie zu berichten:

*Zwei Erwachsene reisen mit zwei Kleinkindern (einein-
halb und dreieinhalb Jahre) von Stuttgart nach Hamburg.*

---

* »Sonder-« heißt: teuer. Macht derzeit 25,80 Euro, was aber vermutlich
schon bei der Drucklegung dieses Buchs wegen der bereits angekün-
digten allgemeinen »Preisanpassung«, vulgo Erhöhung, überholt sein
könnte.

Im selben Abteil fahren noch zwei Frauen mit, jeweils mit Kind und Kinderwagen, aber ohne weiteren erwachsenen Begleiter. Der Zug kommt mit Verspätung in Hamburg am Hauptbahnhof an, und beim Aussteigen unterstützen die Eltern die beiden Frauen, die Kinderwagen aus dem Zug zu hieven.

Bis hierher klingt das noch wie eine harmlose Textaufgabe für die Unterstufe, aber zwischen den Zeilen ist schon mal klar: Die Leute von der Bahn hielten sich beim Helfen unfein zurück. Und mehr noch: Als die Reisenden aus Stuttgart den zwei alleinreisenden Frauen halfen, begann der Zugführer, dies zu sabotieren:

Währenddessen schließen sich immer wieder die Zug-türen, und es entsteht eine extrem stressige Situation. Wir hatten ständig Angst, dass eines der Kinder im Zug bleibt, erinnert sich die Mutter. Die Kinder sind in Tränen aufgelöst. Als der Vater noch einmal in den Zug will, um das letzte Gepäckstück zu holen, verriegeln sich die Türen endgültig. Lautes Rufen und Klopfen an die Tür bringt nichts. Der Vater rennt zum Bahnsteigbeamten und bittet ihn, die Tür noch einmal zu öffnen, damit er die Rücken-trage holen kann.

Und nun bekommt der hilfsbereite Vater endlich die Strafe für seine Hilfsbereitschaft:

Der Mann lehnt dies allerdings ab und sagt, der Vater könne ja einsteigen und mit dem Zug weiterfahren.

Hallo!? Man muss sich diese Unverschämtheit in ihrer ganzen Inkonsequenz durch den Kopf gehen lassen! Der Mann da sagt ihm: Nein, die Tür bleibt zu, denn dafür ist keine Zeit mehr. Ach nein, ich kann sie doch noch aufmachen, ich hab's mir überlegt. Aber dann mache ich sie sofort wieder zu, und du musst im Zug bleiben und alleine weiterfahren, ellerbätsch, ellerbätsch! Und was tut der Vater? Brüllt er den impertinenten Bahner nieder, fordert er ihn zum Duell Mann gegen Mann auf den Schienen, ruft er wenigstens dessen Chef? Nein, der Gute, durch zwei Kinder stresserprobt, reagiert beneidenswert gelassen:

Daraufhin bittet der Vater, dass das Gepäckstück zumindest am Endbahnhof Altona aus dem Zug genommen und dort aufbewahrt wird, damit man es dort abholen kann.

Happy End? Von wegen:

Das Gepäckstück blieb nicht wie vereinbart in Altona, sondern landete schließlich im Fundbüro der Bahn in Wuppertal und kam dann gegen teure Versandkosten wieder zurück zur Familie. Der Kundenservice reagierte auf die Beschwerde zu dem Vorfall mit einer Entschuldigung und einem 20-Euro-Gutschein. Als die Familie sich mit dieser Lösung nicht zufrieden zeigte, teilte die Bahn mit: »Da das Ein- und Ausladen von viel Gepäck erfahrungsgemäß eine gewisse Zeit in Anspruch nimmt und damit die Vorteile des ICEs einschränken würde, bitten wir Sie um Verständnis, dass eine Mitnahme von sperrigem Gepäck oder eine größere Anzahl an Gepäck im ICE nicht vorgesehen ist. Dennoch kann unser Zugbegleiter vor Ort die Mitnahme erlauben, wenn die Sicherheit im Zug nicht gefährdet wird.« Man solle doch künftig den Gepäcktransportservice nutzen, so der abschließende Rat.

Bleibt zu sagen: Es handelte sich bei dem Zug nicht um einen ICE, der war zwar vorgesehen, aber unpässlich, sodass ein IC einspringen musste. Und das »viele« Gepäck bestand aus einem großen Rucksack, einem kleinen Rucksack, einer Rückentrage und einem Kinderwagen.

So weit, so viel Hohn, nicht nur aufseiten des Bahnsteigbetreuers der Bahn, sondern auch in den Textbausteinen des Kundenservice – der seinen Namen dementsprechend verdient.

Apropos, nun aber noch das Wort zu den Namen der Zugbegleiter, die eigentlich Kundenbetreuer heißen: Steht auf dem Brustschildchen eines Uniformierten, dem Sie in der Bahn begegnen, »A. Schmidt« oder »D.k.m.Mal«, sind die Chancen groß, dass es sich dabei um ein Pseudonym handelt. Das ist nämlich bei der Bahn seit einiger Zeit erlaubt. Man wolle sich, erklärt der Konzern, so »vor aggressiven Reisenden schützen«.

Warum Reisende aggressiv werden? Nun, manchmal kann man es fast verstehen.

Aus dem Norden der Republik erreicht uns die Zuschrift von Sönke Boyens aus Heide, der das Wagnis einer Bahnfahrt von Dagebüll an der Nordsee nach Bad Mergentheim bei Würzburg und wieder zurück einging. Dass die beiden Orte 774 Kilometer auseinanderliegen, hatte er fahrlässigerweise nicht realisiert. Auch muss ihm entgangen sein, dass die Deutsche Bahn im Wesentlichen nur die Zielgruppe der Geschäftsreisenden bedienen möchte, sonst hätte er sicherlich auf die Mitnahme seiner Frau sowie dreier Kinder im Alter von vier, einem und unter einem Jahr verzichtet:

Meine Frau und ich reisten mit unseren Kindern an diesem Wochenende mit der Bahn, da wir der Meinung waren, dass eine Bahnfahrt mit den Kindern entspannender wäre als eine Fahrt mit dem Auto. Bereits auf der Hinfahrt mussten wir feststellen, dass diese Einschätzung falsch war. Das Umsteigen in Würzburg auf einen anderen Bahnsteig war mit Kindern, Kinderwagen und Gepäck eine Zumutung. Auf die Nachfrage, ob es hier keinen Fahrstuhl gäbe, bekamen wir von Ihren Mitarbeitern nur ein kurzes Nein als Antwort, keinen Hinweis auf Hilfe. Zum Glück sind Mitreisende hilfsbereiter als Mitarbeiter der Deutschen Bahn, sodass wir gerade noch rechtzeitig den Anschlusszug nach Bad Mergentheim erreichten.

Auf der Rückfahrt dann die gleiche Prozedur, auch hier keine Hilfe von Mitarbeitern, nur von Mitreisenden. Wir erreichten wieder gerade noch rechtzeitig den ICE. Leider blieb dieser dann in Celle wegen eines technischen Defekts liegen, und alle Reisenden sollten den Zug verlassen. Wir mussten übrigens vor dem Aussteigen zunächst ausländische Mitreisende darüber informieren, dass der Zug hier endet. Die Durchsage, dass die Weiterfahrt mit dem Zug nicht möglich ist, wurde nicht wie sonst üblich auf Englisch vorgenommen.

Wie weiter vorne bereits dargelegt, ist der Umgang der Bahn mit dem Englischen irgendwie seltsam geworden. Andererseits wollen wir uns gar nicht ausmalen, wie sich die hier notwendige Durchsage auf »Benglisch« angehört hätte. Aber weiter im Abenteuer:

Wir wurden dann informiert, dass wir mit einem IC weiter nach Hamburg fahren sollten. Dieser Zug kam mit weiteren zehn Minuten Verspätung im Hamburger Hauptbahnhof an, im Vergleich zu unserem ursprünglichen Zug war das bereits eine Stunde. Leider kam niemand, der die Verspätung auf der Fahrkarte hätte notieren können. Natürlich war jetzt auch der Anschluss in Hamburg weg. Dafür erhielten wir aber kurz vor Hamburg den Hinweis, dass Reisende nach Westerland einen Zug der Nordostseebahn nehmen sollten. Um den zu erreichen, müssten wir allerdings vom Hauptbahnhof nach Hamburg-Altona kommen. Kein Problem: Es würde auf Gleis 12 ein ICE nach Altona eintreffen. Unser Zug fuhr nun auf Gleis 8 ein. Aufgrund fehlender Hilfe und überfüllter Fahrstühle erreichten wir den ICE gerade nicht mehr.

Wir wandten uns an eine Mitarbeiterin, fragten sie, wann der nächste Zug nach Altona führe. Sie sagte uns, wir müssten nach Gleis 8. Wir monierten, dass wir gerade von dort kämen und es sehr umständlich mit Kinderwagen und Kindern sei. Darauf schrie die Mitarbeiterin uns an, sie habe selber Kinder. Dann machte sie die Tür hinter sich zu.

Auch bei diesem Erlebnis liegt der Grundsatzfehler – Herr Boyens gibt es ja auch gleich zu Anfang zerknirscht zu – in der katastrophalen Fehleinschätzung, eine Bahnfahrt mit Kindern könne tatsächlich »entspannender« sein als eine entsprechende Autofahrt. Schauen wir auf die wichtigsten Merkmale einer solchen an sich auch nicht sehr angenehmen Autoreise und auf die Gründe, warum es aber in der Bahn immer noch viel schlimmer ist:

»Ich habe Durst«

Dieser Satz fällt mit erbarmungsloser Sicherheit spätestens 15 Minuten nachdem Sie losgefahren sind, und zwar unabhängig davon, ob Sie dem Kind bereits 24 Stunden lang jedwede Flüssigkeit vorenthalten haben oder aber es vor Abfahrt noch eine Zwei-Liter-Flasche Eistee verdrücken durfte.* Reisen Sie mit mehreren Kindern, wird er durch ein »Ich auch« oder »Ich aber zuerst« und »Kira-Laureen hat mich getreten« unterstützt. Umsichtige Eltern vertrösten an dieser Stelle ihre Kinder und setzen ein Etappenziel (»Ihr

---

* Weil dieses Buch möglicherweise auch in den USA veröffentlicht wird (obwohl man dort vermutlich ganz andere Sorgen als die Deutsche Bahn hat), versichern wir feierlich, dass wir niemals einem Kind die notwendigen Flüssigkeitsmengen vorenthalten würden und mitnichten dazu aufrufen. Sollten unsere diesbezüglichen, lediglich aus Gründen schäbiger Satire gewählten Worte entsprechend missverstanden werden, so beteuern wir hier aufrichtig, dass wir es sehr wichtig finden, dass Kinder viel trinken. Und an unsere Leserinnen und Leser im Prenzlauer Berg und in Freiburg: Auch die Wahl des Trinkbeispiels Eistee folgte hier nur aus effekthascherischen Gründen. Selbstverständlich sollte auf langen Fahrten mit Kindern nur Wasser oder zuckerfreier Bio-»Zwergensaft« mitgeführt werden.

bekommt erst etwas zu trinken, wenn wir am Kreuz Neckarwestheim vorbei sind«), weniger vorausschauende greifen in die bereitstehende Kühlbox. Unbelehrbare müssen gleich am ersten Parkplatz anhalten, weil sie dummerweise die Vorräte im Kofferraum verstaut haben.

Das sind jedoch alles in allem sehr überschaubare Probleme im Vergleich zur Bahnreise. Hier fällt der Satz »Ich habe Durst« nach 15 Minuten in eine Phase, in der Sie entweder Ihre Sitzplätze noch nicht gefunden haben, die Sitzplätze gefunden, aber noch nicht von den illegal darauf Sitzenden zurückerobert haben, oder aber es ist die Zeitspanne, in der Sie feststellen mussten, dass Ihre Sitzplätze wegen eines technischen Defekts gar nicht existieren und Sie für die nächsten Stunden auf dem Gang stehen müssen.

Das bedeutet auf jeden Fall, dass Sie nicht gut an Ihr Gepäck kommen und daher den Wunsch nach etwas Trinkbarem zurückweisen müssen. Was der Beginn eines wirklich peinlichen Gequengels wird, denn anders als im Auto haben Sie im Großraumabteil jede Menge begeisterte Zuhörer. Erfahrene Eltern werden einwenden, dass man doch Trinkflaschen oder Trinkpäckchen in der Hand- oder Umhängetasche bereithalten könnte. Das ist zwar wahr, doch Vorsicht! Sie sind erst am Beginn einer möglicherweise sehr, sehr langen Reise. Wollen Sie also etwa gleich in den ersten Minuten Ihr Pulver verschießen? Möglicherweise benötigen auch Sie ja später selbst noch jede Menge Flüssigkeit, und Sie können in der Umhängetasche nicht unendlich viele Vorräte verstauen. Und falls Sie jetzt auf das BordBistro oder gar den »Service am Platz« vertrauen, dann sind Sie ein sehr optimistischer Mensch. Außerdem: Nehmen wir einmal an, Sie könnten tatsächlich ausreichende Vorräte transportieren, zum Beispiel, indem Sie auf jegliches anderes Gepäck verzichten, dann haben Sie bald ein ganz anderes Problem zu lösen, auf das wir nun zu sprechen kommen:

»Ich muss mal«

Im Auto fällt dieser Satz am ersten Autobahnkreuz nach Abfahrt. Wohnen Sie nicht direkt an einer Autobahn oder in einer von Autobahnkreuzen weiter als 30 Kilometer entfernten Gegend, wird dieser Satz aus der Mitte Ihrer Kinderschar unweigerlich nach 20 Minuten, also kurz nach der ersten Flüssigkeitszufuhr, gesagt.* Es ist ebenso unweigerlich der Autobahnabschnitt ohne Parkplätze beziehungsweise auf Landstraßen genau die Stelle, an der Sie es endlich geschafft haben, den Tanklaster zu überholen. Reisen Sie mit mehreren Kindern, dürfen Sie sicher sein, dass die entsprechenden Meldungen immer zeitversetzt kommen, sodass Sie mit einer maximalen Ausfallzeit durch Pipipausen rechnen können. Zumal am Ende, wenn alle Kinder durch sind, Sie selbst plötzlich ein dringendes Bedürfnis verspüren. Und danach geht das Spiel von vorne los. Frankfurt – Alicante unter zehn Stunden, tja, das bleibt dann wohl ein Traum …

Im Zug haben Sie dagegen zunächst den an sich unschätzbaren Vorteil, dass die Kinder theoretisch im Zehn-Minuten-Takt pinkeln können, ohne dass sich Ihre Reisezeit hierdurch verlängert. Ausschlaggebend ist dabei allerdings das Wort »theoretisch«, denn praktisch sind bereits kurz nach Abfahrt

---

* = geheult.

des Zuges neun von zehn Toiletten unbenutzbar, zumindest aber verschlossen und mit einem entsprechenden Zettel gekennzeichnet. Und bei der zehnten verweigern Ihre Kinder die Blasenentleerung, »weil es stinkt«.

Jetzt wird es hart: »Ich kann aber nicht mehr anhalten.« – »Amélie-Sophie hat in die Hose gemacht.« – »Mama, warum guckt der Mann so böse?« Am Ende haben Sie ausschließlich schlechte Alternativen: Den Rollstuhlfahrer aus dem Behinderten-WC zerren, weil es sich um die einzige benutzbare Toilette handelt? Die Strandförmchen zweckentfremden? So tun, als ob diese Kinder gar nicht zu Ihnen gehören? Oder einfach die Notbremse ziehen?? Womit Sie allerdings möglicherweise ein Vergehen gemäß Paragraf 145 des Strafgesetzbuchs (»Missbrauch von Notrufen und Beeinträchtigung von Unfallverhütungs- und Nothilfemitteln«) begehen, was Ihnen aber wiederum möglicherweise in dem Moment vollkommen wurscht ist.

Oder Sie lesen unsere Ausführungen zu den Toiletten im übernächsten Kapitel. In jedem Fall bleibt festzuhalten, dass es am Ende doch irgendwie entspannter ist, mit dem Auto alle zehn Minuten anzuhalten.

»Mir ist langweilig«

An diesem Klassiker beim Kindertransport hat sich seit den Anfängen des Autoverkehrs im Grunde nichts geändert. Spätestens nach Erledigung der diversen Trink- und Entleerungsvorgänge werden Eltern mit diesem herzlosen Satz ihrer Sprösslinge konfrontiert. Diese kontern einfallslos mit Spielen wie »Ich sehe was, was du nicht siehst«. Blöd nur, wenn es dann so weitergeht: »Und das ist rot. Und leuchtet grell … Mama, warum sagt Papa plötzlich so böse Schimpfwörter?« Oder Sie raten Autokennzeichen und stellen dabei überrascht fest, dass »BWL« gar nicht das Kennzeichen von »Bodenwerder-Polle«, sondern das der Polizei von Baden-Württemberg ist, die sich irgendwie für die soeben begangene Geschwindigkeitsübertretung interessiert.*

Moderne Eltern geben sich selbstverständlich mit solchen Kinkerlitzchen gar nicht weiter ab, sondern sorgen dafür, dass ihre Kinder auf der Fahrt nach Alicante mit modernster Unterhaltungselektronik versorgt sind. IPad, PlayStation, Auto-DVD-System, der Fantasie sind da keine Grenzen gesetzt. Es verwundert nur, dass noch kein Autohersteller auf die Idee gekommen ist, ähnlich wie bei englischen Taxis eine Glastrennscheibe einzubauen. Die Ingenieure sollten sich einmal mit Eltern unterhalten, die fünfmal hintereinander einen *Pokémon*-Film ertragen mussten, oder noch schlimmer, ein interaktives Spiel rund um eine junge Nachwuchshexe, bei dem die Kinder immer »Hex, hex!« sagen müssen, um von einem Bild ins nächste zu gelangen …

Andererseits: Besagte Nachwuchshexe könnte bei einer Bahnfahrt sehr wertvolle Dienste leisten. Zum Beispiel, wenn der Zug »wegen Gleisbauarbeiten« nicht in den nächsten Bahnhof einfahren will: »Hex, hex!« Oder wenn der Kaffeeautomat streikt: »Hex, hex!« Oder wenn, oder wenn … Es gibt ja während einer Bahnfahrt eigentlich immer etwas zu

---

* Für Detailfanatiker: Bodenwerder-Polle ist eine niedersächsische Gemeinde im Landkreis Holzminden und hat unglücklicherweise auch gar kein eigenes Autokennzeichen.

tun und – hier ist die Bahn definitiv im Vorteil gegenüber dem Auto – keine Langeweile. Blöderweise verstehen viele Mitreisende gar nicht, dass Ihre Kinder nur konstruktiv mithelfen wollen und beschweren sich beim Zugbegleiter, der Ihnen wiederum mit der Bundespolizei droht, die am nächsten Bahnhof zusteigen wird. Da hilft nur eins: »Hex, hex!«

»Wann sind wir da?«

Die ultimative Frage, die zumindest früher jede Autofahrt zur Hölle werden ließ, denn die mit Hilfe des Sonnenstands, Autobahnschildern und der Entfernungstabelle im Reiseatlas ermittelte Zeit stimmte erstens nie, zweitens verfügten die wenigsten Kinder über eine Uhr, also mussten sie immer wieder fragen. In den Zeiten des allgegenwärtigen Navigationssystems ist die Sache etwas besser geworden. Natürlich bleibt den Eltern die Berechnung der Ankunftszeit durch das Gerät ebenso ein Rätsel wie deren permanente Veränderung, allerdings wusste schon Albert Einstein, dass Zeit relativ ist. Und immerhin kann man beim Aufkommen der W-Frage die Kinder an das Navi verweisen, und das ist in der Tat ein großer Fortschritt.

Anders im Zug. Hier werden wir Bahnkunden irgendwie alle wieder zu Kindern und fragen uns selbst sowie den Zugbegleiter: »Wann sind wir da?« Doch wie damals im Auto: Es gibt darauf einfach keine Antwort.

Nachtrag: Natürlich wollen wir Ihnen, liebe Leser, trotz dieser grundsätzlichen Betrachtungen nicht vorenthalten, wie die Reise von Herrn Boyens endete:

Wir gingen also wieder zu Gleis 8 und fragten dort, wann der nächste Zug nach Altona komme. Ein Mitarbeiter sagte, nicht von Gleis 8, besser wäre es, die S-Bahn zu nehmen. In dem Moment sah ich wieder auf Gleis 12 (Bahnsteig wie Gleis 11) einen ICE Richtung Altona eintreffen. Wir rannten somit wieder nach Gleis 12, wo wir gerade weggeschickt worden waren, und konnten diesen Zug noch gerade erreichen. Fast schon unbedeutend ist wohl die Tatsache, dass wir für die Reise extra die erste Klasse gewählt hatten, um entspannt reisen zu können. Diese Mehrkosten waren aber genauso überflüssig wie die gesamte Fahrt. Und ab Celle konnten wir ja ohnehin keine erste Klasse mehr nutzen, den Preis haben wir dennoch bezahlt.

Fazit: Haben Sie Gepäck, Kinderwagen oder ein Mofa oder Moped oder am Ende sogar Kinder – und wollen damit trotz all dieser hier niedergelegten Erlebnisse unbedingt Bahn fahren, dann machen Sie sich auf einiges gefasst! Außerdem sollten Sie sich unbedingt mit den Beförderungsbedingungen vertraut machen. Oder führen Sie dieses Buch mit sich. Damit sind Sie schon schlauer als mancher Zugbegleiter. Aber wichtig: Lesen Sie vorher noch das nächste Kapitel.

Warum Zugbegleiterinnen Minderjährige »aussetzen«. Und Zugbegleiter sie unbedingt behalten wollen

»Stellen Sie sich vor«, sagt Hans-Peter Weiser, Betriebsratsvorsitzender des Verkehrsbetriebs Elbe-Saale von DB Regio über die Arbeitsbedingungen bei der Bahn, »eines Ihrer Kinder wird eingeschult, und Sie erfahren erst kurz vorher, dass Sie nicht dabei sein können, weil Sie arbeiten müssen.«

»Stellen Sie sich vor«, sagen Mark Spörrle und Lutz Schumacher, Autoren dieses Buchs über die Transportbedingungen bei der Bahn, »eines Ihrer Kinder wird aus einem Zug ausgesetzt, und Sie erfahren erst kurz nachher, dass Sie nicht dabei sein können, weil Sie arbeiten müssen.«

Nun unsere Frage: Was, denken Sie, ist schlimmer?

Noch während Sie überlegen, ein paar vertiefende Worte zur Situation der Zugbegleiter*: Laut einer aktuellen bahninternen Untersuchung gehen 70 Prozent der Beschäftigten dieses Unternehmens ungern zur Arbeit. Sie leiden unter langen Entscheidungswegen, komplizierten Organisationsstrukturen, aber vor allem unter ihrer Arbeit selbst. Allzu oft sei die zwar theoretisch vorgeplant, praktisch aber halte

---

* Der Einfachheit halber bleiben wir bei dieser Bezeichnung, denn das Gros der betreffenden Personen lässt sich so doch subsumieren.

sich das Unternehmen nicht daran. Immer wieder erführen Zugbegleiter erst bei Dienstantritt, dass sie heute ein wenig länger bleiben müssten. Freizeit gebe es häufig nicht wenn sie im »Jahresruhezeitenplan« eingetragen sei, sondern dann, wenn die Arbeit es zuließe. Mehr als vier Wochen im Voraus zu planen sei für manche Bahnangestellte unmöglich: Viele könnten keine sozialen Kontakte mehr pflegen. Also nix mit dem Stammtisch im »Blauen Bahner« in fünf Wochen oder der Eröffnung dieses Möbelhauses mit vielen tollen Schnäppchen am 17. nächsten Monats. Und mitunter klappt es eben nicht einmal zur Einschulung der eigenen Kinder.

Man muss sich dabei vorstellen, dass bei der Bahn viele Menschen arbeiten, die als Kind nicht Vokabeln, sondern Fahrpläne auswendig lernten. Was heißt »lernten«? Sie inhalierten sie! Menschen also, die ungeheuren Wert auf Pünktlichkeit, Zuverlässigkeit und Planbarkeit legen, auch ihr Privatleben betreffend – um dann enttäuscht festzustellen, dass es bei der Bahn nicht groß anders läuft als im Job ihres Kumpels Martin, der in der freien Wirtschaft arbeitet, nämlich in einem Irrenhaus.

Das Schlimmste für solche Bahnleute aber sind die Fahrgäste. Ein durchweg überflüssiger Faktor, denn an und für sich wäre es völlig ausreichend, bei Wind und Wetter nur das Zugmaterial von Haltestelle zu Haltestelle zu bewegen, zu kontrollieren, ob die Türen richtig geschlossen sind, die Abfallbehälter geschlossen, die Toilettentüren zugesperrt und die Sitzlehnen in aufrechter Position sind.

Und dann, wenn alles in Ordnung ist, um Punkt 7.26 Uhr, während der Zug sich durch grüne, morgensonnenbeschienene Hügel schlängelt, auf denen Rehe und Füchse ihm mit großen, erstaunten Augen nachsehen, wenn von oben alles aussieht wie eine süße, kleine Modelleisenbahn – dann würden sich diese Zugbegleiter so gerne mal selbst in das Abteil der ersten Klasse setzen. Sich ohne lange Wartezeit nach kurzem Verkaufsdialog selbst einen Kaffee servieren. Und selbst die Idylle genießen, nur ganz kurz.

Aber dann stoppt der Zug. Und dann kommen all diese Menschen! In rauen Massen, rufend, lärmend, kreischend und kichernd, mit speckigen Taschen und nassen Rucksäcken. Sie werfen sich auf jeden verfügbaren Platz, fassen alles an, verstellen die Rückenlehnen, versuchen die Toilettentüren zu öffnen. Und damit nicht genug! Diese Bagage hat es allesamt nicht geschafft, pünktlich aufzustehen, mithin so rechtzeitig, dass sie daheim frühstücken konnte! Kaum sitzen sie, packen sie aus, Döner, Fischbrötchen, mit Formschinken und Analogkäse belegte Croissantmutanten, sämtliche übelriechende Fast-Food-Scheußlichkeiten, die der Bahnhof oder die Tanke davor im Vorbeihetzen zu bieten hatte. Sie kauen mit offenen Mündern, sie schmatzen und krümeln, und wenn man nicht aufpasst, und man kann nicht überall sein, wischen sie sich die Majofinger hinterher an den Sitzen ab.

Und in den üblen Essensgeruch mischt sich noch widerlicherer Gestank, dann, wenn sie versuchen, die Toilettentüren zu öffnen. Und wären die nicht zugesperrt, dieses Pack würde noch viel mehr fressen und scheißen, immerfort fressen und scheißen, und all das in diesem schönen Zug!

Und so geht es den ganzen Tag.

Eigentlich logisch, dass die Nerven einiger Zugbegleiter schließlich so strapaziert sind, dass sie überspannen. Besonders, wenn zu allem Elend eine Gruppe dazukommt, die das größte Risiko darstellt, für ihren Zug wie für ihre Autorität: die Minderjährigen.

Minderjährige sind natürlich nicht Minderjährige, das wissen alle, die selbst Kinder haben oder hatten. Aber traurigerweise gehören die Zugbegleiter eben häufig nicht dazu. Entweder, weil ihnen infolge der Unvereinbarkeit der De-facto-Freizeiten mit ihren persönlichen Ruheplänen die Gelegenheit fehlte, an Kinder zu kommen. Oder weil sie zwar Kinder haben, diese aber zum letzten Mal vor der Schuleinführung zu Gesicht bekamen. Wo genau, wissen sie nicht mehr, vermutlich in Wiesbaden, Münster oder Bad Gandersheim.

Und so fehlt ihnen das fundamentale Basiswissen, dass nicht alle Minderjährigen ab zehn von dem Schlag sind, der Samstagnacht den Zug zum Vorglühen für die Prügelei vor der Disko nutzt, literweise Wodka trinkt, sich in die Abfallbehälter erbricht und die Sitzpolster durch hibbeliges Hin- und Herwackeln unnötig strapaziert. Der Schlag, der sagt: »Nein, wir haben kein Ticket, na und!«, und der bei der Fahrkartenkontrolle wissen will, wer der Stärkere ist: der Pups von Zugbegleiter oder vier Siebzehnjährige mit Crystal-geweiteten Augen.

Der kluge Zugbegleiter zieht sich in dem Fall zurück und besinnt sich auf die Tugend des Begleitens. Oder sperrt sich in der Toilette ein, sofern er in der Eile eine offene findet. Und natürlich, es ist zunächst eine Genugtuung, wenn die vier Berserker an der Endhaltestelle von der Bundespolizei empfangen werden. Doch dann müssen sie leider von den Beamten zur Disko gefahren werden, denn da sie minderjährig sind und bisher noch keinen Zugbegleiter umgebracht haben, kann man sie nicht festhalten. Und so folgt häufig eine erneute Begegnung am kommenden Wochenende. Und da das Quartett sich diesmal wieder das Taxigeld sparen will, dreht es noch ein wenig mehr auf.

Dass es zu Tätlichkeiten kommt, ist allerdings unwahrscheinlich.

Denn rein statistisch gesehen ist es in der Bahn für Zugbegleiter kaum gefährlich. Etwa 800 Anzeigen wegen Körperverletzung durch Fahrgäste im Jahr zählt die Bundespolizei im Jahr – bei insgesamt 1,9 Milliarden Bahnfahrten ist das verschwindend gering. Und allein die Logik spricht dafür, dass der Anteil der minderjährigen gewalttätigen Fahrgäste noch viel geringer ist.

Aber man muss wissen, dass einige Zugbegleiter leider ein weiteres Defizit haben: Sie können nicht damit umgehen, wenn ihnen jemand widerspricht, gerade wenn es ein Kind ist. Denn sie selbst haben, sofern sie jemals Kind waren, niemals widersprochen. Sie wollten schließlich nicht, dass man ihnen zur Strafe die Modelleisenbahn wegnahm.

Widersprechen, das heißt in diesem Fall übrigens schon: »Nein, ich habe kein Ticket!« zu sagen. Ein Spruch, bei dem bei jedem Begleiter alle roten Lampen angehen. Nicht nur der vier Killer aus dem Alptraum jedes Bahners wegen. Auch deshalb, weil in diesem Augenblick das Recht auf seiner Seite ist. Und weil Zugbegleiter von der Bahn angehalten sind, dieses Delikt zu ahnden, und zwar konsequent! Und wenn es sich bei dem Ticketlosen wirklich um ein Kind handelt, umso schlimmer. Kinder, die sich mit so viel Unvernunft und Undisziplin ungeplant in eine solche planlose Lage bringen, die müssen – denn diese Eltern, die ihren Blagen alles durchgehen lassen, tun es ja nicht –, die *müssen* einfach bestraft werden!

Im Jahr 2008, der Fall ist Legende, warf eine Zugbegleiterin zwischen Bad Doberan und Rostock eine Zwölfjährige, die auf dem Weg zur Musikschule war, wegen Schwarzfahrens aus dem Zug. Das Mädchen hatte Fahrkarte und Geld zu Hause vergessen. Die unnachsichtige Zugbegleiterin lenkte auch nicht ein, als Fahrgäste dem Mädchen die Karte zahlen wollten. Leider unterließen es besagte Fahrgäste, dem Mädchen einfach ein paar Euro zuzustecken – »Ah, das musst du verloren haben!« – oder die durchgeknallte Zugbegleiterin vor die Tür zu setzen und den Zug selbst abzupfeifen. Stattdessen musste das Mädchen bei einbrechender Dunkelheit und mit ihrem schweren Cello auf dem Rücken fünf Kilometer nach Hause laufen.

Kurze Zeit später ereignete sich im brandenburgischen Wittstock ein ähnlicher Fall. Diesmal musste eine Dreizehnjährige einen Zug verlassen. Auch sie hatte ihren Geldbeutel vergessen. Und auch hier fanden sich nette Mitreisende, die dem Kind die 2,90 Euro Fahrgeld auslegen wollten, wieder leider vergeblich. Nur bei der Zugbegleiterin soll es sich um eine andere gehandelt haben. Ein Taxifahrer nahm sich des verstörten Kindes am Bahnhof an und fuhr es die 40 Kilometer bis nach Hause. Zum Glück nicht zu sich nach Hause.

Zum dritten Vorfall in ein paar Wochen kam es in einem Regionalzug in Berlin. Auch dort ließ eine Zugbegleiterin eine Vierzehnjährige aussteigen, weil sie keinen gültigen Fahrschein dabeihatte.

Für erste kühne Mutmaßungen, es handle sich bei dieser Dreierserie um eine von »ganz oben« angeordnete Strafmaßnahme mit abschreckender Signalwirkung gegen jugendliche Schwarzfahrer, fanden sich keinerlei Beweise. Ebenso wenig für die zweite Vermutung, die drei Bahnmitarbeiterinnen hätten vom Dienst am Kunden die Schnauze voll gehabt und all ihre Hoffnung auf eine Strafversetzung an einen gemütlichen Schreibtisch im Innendienst gesetzt, mit mucksmäuschenstillen, nicht widersprechenden Kakteen.

Die Bahn jedenfalls handelte. Sprach von »arbeitsrechtlichen Konsequenzen« für die Zugbegleiter und davon, dass man sich bei den Eltern entschuldigt habe – wie genau und wie die Eltern reagiert hatten, wurde nicht berichtet. Einige hundert Begleiter in Regionalzügen in Berlin, Brandenburg und Mecklenburg-Vorpommern mussten die geltende Dienstanweisung, die das Aussetzen von Minderjährigen verbat, persönlich unterschreiben. Schließlich kündigte die Bahn auch an, sie wolle Zugbegleitern mit Rollenspielen kundenfreundliches Verhalten angewöhnen.

Solche Trainings gibt es bei der Bahn tatsächlich. Mitarbeiter lernen dort den Umgang mit dem problematischen Teil ihrer Zielgruppe und sinnige Merksätze wie »Vieles kann man klären mit guter Laune«, »Spielt man Ordnungsmacht, geht das schnell in die Hose« oder »Beleidigung ist, wenn Sie sich beleidigen lassen«. Vermutlich ist es so, dass einige Teilnehmer dieser Seminare als völlig andere Menschen in ihren Dienst zurückkehren, als Menschen, die erfahren haben, dass Kundenkontakt am Ende sogar Spaß machen kann.

Und tatsächlich, der Erfolg all dieser Maßnahmen ließ nur kurz auf sich warten: Ende Januar 2010 warf eine Schaffnerin der Deutschen Bahn abends in Königs Wusterhausen, Brandenburg, eine Sechzehnjährige aus ihrem Regionalexpress. Die weinte und flehte, denn der Bahnhof war bereits geschlossen, es war dunkel, und es waren minus 18 Grad. Aber die Zugbegleiterin, so das Mädchen, »kannte kein Erbarmen«. Gut erzogen, stieg die Schülerin aus. Sie fror eine Stunde, bis sie ein Freund der Mutter, denn diese musste arbeiten, abholen konnte.

Dabei ging es nur um den Zuschlag für den Ticketverkauf im Zug, den das Mädchen, das von Berlin zurück zu ihrem Wohnort Groß Köris fuhr, nicht bei sich hatte. Sie war die Strecke bereits mehrfach gefahren, auch den Hinweg nach Berlin, und jedes Mal, so sagte sie, habe das Ticket im Zug nur 5,10 Euro gekostet. Aber diesmal wollte die Kontrolleurin eben auch den Bordpreiszuschlag. Macht zusammen 7,20 Euro. Und so viel hatte die Schülerin nicht dabei.

Formal war dieser »Bordpreis« wohl korrekt. Der Zuschlag wird immer dann fällig, wenn der Bahnfahrer im Zug ein Ticket kauft, das er am Abfahrtsbahnhof genauso hätte kaufen können, etwa im Kundenzentrum oder am Automaten. Und am Berliner Bahnhof Alexanderplatz gibt es anders als in Groß Köris sogar beides. Die Sechzehnjährige hätte die Karte auf dem Rückweg also vorher kaufen können. Aber wenn sie nun sagt, auf früheren Fahrten habe sie beim Ticketkauf im Zug auf dieser Strecke auch immer nur 5,10 Euro bezahlt, und nehmen wir an, das stimmt – die

Kunden der Bahn sind zwar verroht, aber warum sollen sie immerfort nur lügen?!? –, könnte man da nicht vielleicht Gnade vor Recht ... Nun, wie formulierte es ein Sprecher der Deutschen Bahn: »Da muss sie entweder Glück gehabt haben bei den Kontrolleuren, oder die hatten keine Ahnung!« Soll heißen: Mag sein, dass 24 andere Mitarbeiter unseres tollen Unternehmens in den letzten Wochen keinen Zuschlag erhoben. Aber vergessen Sie es, das waren alles Idioten!

Die Zugbegleiterin jedenfalls stellte Jennifer ein Ticket aus, so weit deren Geld, es waren 5,30 Euro, reichte (inklusive Zuschlag) – eben bis Königs Wusterhausen. Schluss. Tür auf, raus!

Vorher stellte die Zugbegleiterin noch mehrfach unter Beweis, wie sie persönlich Slogans wie »Spielt man Ordnungsmacht, geht das schnell in die Hose« verinnerlicht hatte. Etwa, als die geschockte Schülerin zu ihr sagte, sie sei noch minderjährig, die Kontrolleurin könne sie doch nicht einfach aussetzen. »Ich tue nur meinen Dienst«, das sei die Antwort der Bahnfrau gewesen. Ein beliebtes Argument in totalitären Staaten und überall dort, wo Menschen sich mit den Folgen ihres Tuns lieber nicht beschäftigen wollen.

Und dann setzte sie noch eins drauf. Denn das Mädchen rief vom Handy aus ihre Mutter auf ihrer Arbeitsstelle an, und diese wollte mit der Kontrolleurin sprechen. Für die Bahnfrau auf Amokkurs wäre das nun die letzte Gelegenheit zum Handeln mit Augenmaß gewesen. Wenn sie schon nicht von sich aus darauf kam, von ihrem Diensthandy aus die Mutter anzurufen – vielleicht, weil das Controlling der Bahn entgegen entsprechender Behauptungen derlei Telefonate tatsächlich nicht erstattet –, so hätte sie nun völlig kostenfrei mit ihr reden können. Umsonst! Gratis! Sie hätte die Personalien des Mädchens aufnehmen und überprüfen und den Zuschlag in Rechnung stellen können. Gerne mit Bearbeitungsgebühr. Alles immer noch besser, als eine Sechzehnjährige an einem verlassenen Bahnhof bei Dunkelheit und Eiseskälte auszusetzen. Aber nein, sie lehnte ein Gespräch ab – und das Drama nahm seinen Lauf.

Die Bahn entschuldigte sich anschließend sehr aufrichtig und betroffen. Sicherlich gibt es mittlerweile eine interne »Dienstanweisung zur glaubhaften Entschuldigung nach Aussetzung einer/s Minderjährigen«.

Was bei der Geschichte auffällt, ist zweierlei: einmal das Verhalten der anderen Fahrgäste. Anders als in früheren Fällen mischten sie sich nicht ein und boten auch kein Geld an. Entweder, weil sie vom erbarmungslosen Auftreten der Kontrolleurin so geschockt waren, dass sie nicht wagten, sich zu mucksen, aus Angst, ihre Fahrt ansonsten ebenfalls in Königs Wusterhausen beenden zu müssen. Oder es handelte sich um einen Gewöhnungseffekt: Man kann doch schließlich nicht jeden Tag im Zug ein oder zwei Minderjährige freikaufen.

Das Zweite, das auffällt, ist, dass es sich in allen bisher bekannten Fällen der Minderjährigenaussetzung um weibliche Zugbegleiter handelt. Um es klar zu sagen: um Frauen. Rein historisch eher ungewöhnlich. Die Aussetzung von ungeliebten Kindern, meist von Neugeborenen, denken wir an Moses im Alten Testament, war früher bei vielen asiatischen Völkern üblich, aber auch bei Spartanern, Griechen oder Römern, und in der Regel war es der Vater, der dies tat und damit über das Schicksal der Kinder entschied. Wenige hatten wie etwa Romulus und Remus das Glück, eine Wölfin zu finden, die sich als Ziehmutter eignete.*

Die Aussetzung von Kindern also als symbolischer Akt der Emanzipation?

Psychologen weisen darauf hin, dass Frauen, die Kinder aussetzen, meist infolge von akuter Überforderung handeln, ohne einen anderen Ausweg zu sehen. Dabei handelt es sich allerdings fast durchwegs um eigene Kinder – für die Zugbegleiterinnen aufgrund der Arbeitsumstände ja immer wieder die Gelegenheit fehlt.

Die Aussetzung von Kindern aus einem Zug also als symbolischer Akt der Emanzipation von der Bahn?

Interessant gerade im Zusammenhang mit der Kinderproblematik ist, dass es auch zum umgekehrten Phänomen kommt: dass Zugbegleiter Minderjährige einfach bei sich im Zug behalten.

So wurden im Dezember 2008 drei Kinder im Alter von neun, elf und zwölf Jahren in Bremen aus der Bahn geholt; ein paar Stationen vorher hatte der Zugbegleiter die Mutter aufgefordert auszusteigen, angeblich nur, um ihre Fahrkarte zu entwerten. Als die Frau draußen auf dem Bahnsteig stand, hatte er den Zug abfahren lassen. Glücklicherweise ließ sich am Verlauf der Schienen erkennen, wohin.

Im März 2011 trennte ein abfahrender Zug in Pritzwalk (Prignitz) eine neunzehnjährige Mutter beim Aussteigen

---

* Erst mit »Hänsel und Gretel« wendete sich das Blatt. Hier schickte die Mutter die Kinder in den dunklen Wald, obwohl der Vater nicht so recht einverstanden war.

von ihrer zweijährigen Tochter. Die Frau hatte zuerst ihre Reisetasche und den Kinderwagen aus dem Zug gehoben, doch bevor sie nach ihrer Tochter greifen konnte, schlossen sich die Türen. Sie rannte zu einem Bahnmitarbeiter. Der lehnte es ab, den Zug anzuhalten, sorry, das gehe nicht bei so einer Lappalie, denn man müsse den Fahrplan einhalten.* Aber cool, keine Sorge: Man werde das Kind schon schaukeln.

Was dem Mann konkret vorschwebte, wissen wir nicht. Aber viele Eltern werden nun verstehen, dass die junge Mutter in die nahe liegende Polizeistation stürmte. Der Wachhabende verständigte einen Streifenwagen, der dem Zug hinterher zum 20 Minuten entfernten Bahnhof Wittstock raste. Doch dort stoppte der Zug nicht, angeblich wegen des Lokführerstreiks und weil ein Gegenzug fehle. In Wirklichkeit aber war der Plan der Leute von der Bahn vielleicht, die Zweijährige irgendwann in einen Gegenzug zu setzen, vermutlich ohne gültiges Ticket. Der Zug fuhr also weiter nach Neuruppin, ein weiterer Streifenwagen mit der Mutter hinterher.

Dort konnte die Polizei des Kindes endlich habhaft werden, angeblich ohne Schusswaffengebrauch. Und schnell, noch bevor ein Bahnmitarbeiter einen Antrag auf Adoption zu stellen vermochte, schloss die Mutter ihre Tochter wieder in die Arme.

Es gab weitere, ähnlich gelagerte Fälle: Im September 2011 fuhr ein 18 Monate alter Junge ohne seine Eltern in einem Regionalzug von Jena nach Erfurt, im März in Stol-

* Und *das* ist wirklich eine skurrile Begründung bei der Bahn!

berg (Nordrhein-Westfalen) ein Lokführer mit zwei fünf- und achtjährigen Jungen los. Letzterer ließ die Mutter auf dem Bahnsteig mit ihrem jüngsten Sohn zurück.

Pech hatte hingegen eine Zugbesatzung im Juli 2011 beim Anfahren am Bahnhof im brandenburgischen Doberlug-Kirchhain. Versehentlich behielt man nicht den siebenjährigen Enkel, sondern den siebzigjährigen Großvater im Zug. Als die Bahnleute ihren Irrtum bemerkten, sollen sie sich angeblich erst darum gestritten haben, wer den Senior nun in seine Familie aufnehmen müsse. Danach ließen sie ihn auf dem nächsten Bahnhof aussteigen.

Aus Bahnkreisen ist indes zu hören, diese Kiste mit den verzweifelten Versuchen, irgendwie an Kinder zu kommen, sei totaler Unsinn. Denn einmal gebe es dann wieder doch nur Stress bei der Einschulung, wo man ja mit Sicherheit zu arbeiten hätte. Und zum anderen sei schuld an allem einzig der Fahrplan. Zwei, drei Minuten, mehr Zeit sei an vielen Haltestellen nicht vorgesehen, und da gehe es absolut nicht, dass ein Fahrgast beim Ein- oder Aussteigen nicht spure. Und deshalb könne man es leider nicht durchgehen lassen, wenn Alte auf Krücken und Rollstuhlfahrer die Pünktlichkeit eines ganzen Zuges sabotierten. Oder eben auch dumm-döselige Dösbattel von Eltern, die gaaaaanz gemächlich erst sich aus dem Zug bewegten, dann den Kinderwagen, dann das Fahrrad, dann zum Handy greifen, um zu telefonieren, und sich erst dann gaaaanz langsam umdrehen. Nach ihrem Kind, bass erstaunt, dass es längst auf und davon sei. Na, was heiße hier Kindesentzug, was für schreckliche Zustände? Solange die Bahnzentrale den Bahnhöfen durch systematische Kündigung Personal entziehe, das dann auf den Bahnsteigen fehle, solange werde es genauso weitergehen. Und mal ganz ehrlich: Sei das angesichts solcher blöden Eltern für viele Kinder im Endeffekt nicht besser?

Fazit: Wollen Sie vermeiden, in bahninterne Interessenkonflikte zu geraten, fahren Sie als Eltern mit kleinen Kindern lieber mit dem Auto oder fliegen Sie. Haben Sie größere Kinder, die unbedingt alleine mit der Bahn fahren wollen oder müssen, halten Sie sie davon ab. Wechseln Sie notfalls die Schule oder die Freunde Ihrer Kinder oder ziehen Sie um. Geht das wirklich nicht, achten Sie darauf, dass Ihre Kinder zumindest immer in einer Gruppe fahren, und fordern Sie Polizeischutz an. Damit der auch kommt, verkleiden Sie Ihre Kids notfalls als gewaltbereite Fußballfans.

Mark Spörrle macht den PRAXISTEST:

Im Kleinkindabteil der Bahn

An keinem anderen Ort in deutschen Zügen kondensiert das gespaltene Verhältnis der Bahn zum Kindertum derart, wie in deren Kleinkindabteilen. Diesen Rückzugsräumen für Kinder bis fünf und ihre Eltern, die – letztlich nur konsequent – im Verschwinden begriffen sind. Zumindest in den ICEs. Einst waren die ein Muster bahnischer Kinderfreundlichkeit, die Kleinkindabteile glichen einem Kinderparadies, voll mit Klettergerüsten, Spielteppichen, Wippmotorrädern und mehr. Es war Platz für Kinderwagen, und eine Fahrt von Hamburg nach Göttingen oder von Fulda nach München wurde auch mit akut schreigefährdeten Babys und Kleinkindern erträglich. Aber seit die Bahn sich als Wunschkunden den Businessmann mit unrealistisch viel Tagesfreizeit ausgeguckt hat, wird in den ICEs der Spielkram ausgeräumt. Kleinkindabteile mutieren zu »Multifunktionsabteilen«, in denen man Meetings oder Produktpräsentationen abhalten kann. Sofern dann wirklich eine trutschige Mutter oder ein dämlicher Vater mit Kind danebensitzt, kann das Balg ja die Klappe halten oder es fliegt raus!

Aber in den ICs gibt es sie noch. Dort waren die Kinderabteile allerdings schon immer ohne Spielzeug und Pipapo, ganz normale Abteile mit vier festen und zwei Klappsitzen, die Platz für einen Kinderwagen lassen. Dennoch: Das Kleinkindabteil ist gefühlt der einzige Ort, an dem man sich nicht rechtfertigen muss, wenn der Nachwuchs juchzt und strampelt, dass dem Sitznachbarn im Großraum längst die Präsentationsmappe wegflöge. Oder quengelt, wenn es nicht augenblicklich Gummibärchen oder Eis gibt. Oder brüllt wie am Spieß, weil es Gummibärchen und Eis will, sofort! Selbst wenn dann im Kleinkindabteil außer Mutter, Vater, Kind noch jemand säße, der sich auch nur ein bisschen am kleinkindlichen Wesen störte, man könnte ihm/ihr furztrocken entgegnen*: »Das hier ist das Kleinkindabteil. Sie sind kein Kind, Sie können ja gehen!« Und allein dafür lohnt es sich für Eltern, selbst mitten in der Nacht aufzustehen. Um dieses letzte Refugium der Kindheit in einem IC von Hamburg nach Rostock zu buchen, in den allerersten Minuten des möglichen dreimonatigen Reservierungszeitraums, bevor jemand anders auf diese Idee kommt.

Wir hatten Glück! Obwohl ein Kleinkindabteil mit vier Sitzplätzen so gut wie nichts ist in einem Zug mit einigen hundert und noch dazu zur Urlaubszeit: Die Bahn sah sich online in der Lage, den Reservierungswunsch prompt zu bestätigen!

Und, kaum zu glauben: Der Zug existierte. Der Wagen auch. Und in diesem Wagen gab es nicht nur tatsächlich ein Kleinkindabteil – es waren auch wirklich Plätze für uns reserviert! So viel Glück war kaum zu fassen.

Nur der penetrante Geruch störte etwas. Ein Geruch, der seiner Art nach aus der unmittelbar angrenzenden, natürlich verschlossenen Toilette zu dringen schien. Für den der Zugbegleiter keine Erklärung hatte, für den er sich erkennbar

---

* Wie man es immer so gerne im Supermarkt oder im Restaurant täte …

aber auch so wenig zuständig fühlte, dass wir, Vater, Mutter, Vierjährige, den Versuch aufgaben, uns um Abhilfe zu bemühen. Zumal der Rest des Zuges so voll war, dass es unmöglich gewesen wäre, drei andere Sitzplätze, geschweige denn ein anderes Abteil aufzutreiben: Wir ließen also die Abteiltür auf und atmeten mit offenem Mund wie erhitzte Schäferhunde. (Beim nächsten Mal: Haushaltsparfüm und Nasenklammern mitbringen!)

Apropos erhitzt: Tatsächlich, die Sonne, die durch das Fenster schien, war heiß und blendete. Ich wollte den Vorhang zuziehen, aber es gab keinen. Es gab auch keine andere Art von Sonnenschutz, sicher eine weitere Maßnahme der Bahn, damit die Reise Familien, deren Kinder bis 15 Jahre ja dummerweise kostenlos mitfahren, nicht zu behaglich vorkam. Wir schützten den Kopf unserer Tochter mit einem breiten Sommerschal und kniffen unsererseits die Augen zusammen. (Beim nächsten Mal: Sonnenschutz mitbringen, am besten mit Saugnäpfen fürs Fenster.)

Trotzdem musste unsere Kleine irgendwann unbedingt schlafen. Da man bei einer Vierjährigen nicht mehr für diesen Zweck eine Babyschale mit sich führt, ist dies die größte Herausforderung von allen: Ganz klar, dass sich keiner der vier Sitzplätze in Liegestellung bringen ließ, wir sind ja nicht bei Singapore Airlines. Unsere Tochter konnte sich aber auch nicht quer über zwei Sitze legen: Die Armlehnen dazwischen waren durchgehend und unverrückbar. (Beim nächsten Mal: fliegenden Teppich mitbringen.) Wir dachten gerade darüber nach, sie oben auf eine der Gepäckablagen zu betten, da kam uns eine andere Idee: Meine Frau und ich setzten uns gegenüber und rutschten in den Sitzen nach unten, bis sich unsere Knie berührten. Dann legten wir unsere Tochter längs darauf, ich ihre Füße auf dem Schoß, meine Frau den Kopf, und warteten, bis sie schlief.

Erst dabei stellten wir fest, dass menschliche Beine im Sitzen von Natur aus dazu tendieren, leicht auseinanderzuklappen. Etwas, was nun unserer Tochter wegen keinesfalls passieren durfte. Nach etlichen Minuten begannen unsere Beine zu zittern, abwechselnd einzuschlafen und sich zu verkrampfen. Schweiß rann mir über die Stirn. Noch einige Minuten später nahm ich meine Hände zur Hilfe, um unsere wackelnden Beine zusammenzuhalten. Als ich mir den Gürtel aus der Hose zog, um unsere bebenden Knie aneinanderzubinden – draußen im Gang war der Zugbegleiter argwöhnisch stehen geblieben –, wachte unsere Tochter endlich auf. Schon am dritten Urlaubstag ließen die Schmerzen in meinem Bein nach.

Zwei Wochen später übrigens hatte ich im Zug zwischen Hamburg und Hannover eine Begegnung mit Seltenheitswert: Im ICE auf dieser Strecke gab es tatsächlich noch ein Kinderabteil mit Klettergerüst!

Der Zugführer, ich mochte ihn sofort, stand im Gang davor und bat alle Interessenten zu einer kostenlosen Besichtigung: »Treten Sie ein, und sehen Sie es sich genau an. Eins der letzten seiner Art, und bald wird auch das nicht mehr sein!«

»Warum?«, fragte eine Mutter erschrocken, die sich mit ihrem Baby gerade in diesem Abteil niederlassen wollte.

»Es wird alles abgebaut, alles kommt raus«, rief der Bahner, »sonst könnte am Ende ja einer noch sagen, die Bahn sei kinderfreundlich!«

Verschlossen und verriegelt

Kommen wir ohne Umschweife zur Sache: Mit Toiletten (nicht: *auf* Toiletten), respektive ihrem Fehlen, übte man schon immer Druck aus. Die Herrscher des Mittelalters hielten selbst in den prachtvollsten Schlössern Aborte gerade mal für sich selbst vor. Ihre Höflinge mussten ihr Geschäft in Flurecken verrichten, je niedriger sie aktuell in der Gunst standen, desto weiter weg. Und selbst der Zeitpunkt des Toilettengangs an sich unterlag einer strikten Etikette: Tycho Brahe, dänischer Adliger und einer der bedeutendsten Astronomen seiner Zeit, starb der Überlieferung nach im Jahr 1601 daran, dass er bei einem Festbankett in Prag seinen Harn zu lange zurückhielt. Denn es war, ein klarer Fall von Machtpolitik, allen Anwesenden verboten sich zu erleichtern, bevor sich der Kaiser vom Tisch erhob.*

Bis heute sind nicht vorhandene Toiletten ein scharfes Instrument der Städte im Kampf gegen Obdachlose. Denn natürlich wäre es möglich, für die in den Citys seit Jahren in ein und denselben Kaufhauseingängen und Unterführungen Lebenden ein paar Dixi-Klos aufzustellen – allein, damit

---

* Es wird spekuliert, dass der Kaiser auf einem in seinen Stuhl eingelassenen goldenen Nachttopf saß. Neueren Vermutungen nach könnte der bedauernswerte Tycho Brahe allerdings auch an einer Quecksilbervergiftung gestorben sein.

der beißende Geruch ihrer Verrichtungen ihnen und den Passanten erspart bliebe. Aber man denkt nicht daran, es zu tun. Nicht dass sich diese Kerle in ihren zugigen Ecken am Ende noch zu wohlfühlen! Seitens der öffentlichen Toiletten besteht bei solchen Strategien keine Gefahr; sie wurden in den meisten Städten längst geschlossen, abgerissen oder an Kiosk- und Cafébetreiber verpachtet. Wer einmal mitbekam, wie erwachsene Frauen im Supermarkt mit Tränen in den Augen baten, das Angestellten-WC nutzen zu dürfen, wer die Busladungen verzweifelt Einhaltender erlebte, die in langen Schlangen die WCs im Berliner KaDeWe belagern, der ahnt, wie groß die Notdurft-Not in unseren Städten heute sein kann. Und trotzdem: Nicht jeder ist willens und in der Lage, coram publico an Häuserfassaden zu urinieren.

Nicht erstaunlich eigentlich, dass sich auch die Bahn im Kampf mit ihren Kunden der Toilettenverknappung bedient.

Didier Scheibe aus Lille etwa hatte im Mai 2010 für seine Ehefrau und sich knapp 1000 Euro für eine Fahrt per City Night Line von Paris nach Berlin und zurück auf den Verkaufstresen gelegt und sich neben anderen Reiseannehmlichkeiten sicherheitshalber auch nach Toiletten im Abteil erkundigt. Die, schreibt Didier Scheibe, waren ihm versprochen worden.

Nach dem Einsteigen in den Zug am Gare de L'Est in Paris jedoch stellte sich heraus, dass das mit der Toilette im Abteil nur ein Witz gewesen war. In unserem Schlafwagen fand sich nur eine Toilette, die gleichzeitig auch die Dusche beherbergte und deshalb für simple Verwendungen unzugänglich war. Mit anderen Worten: Die Dusche war zugleich die Toilette. Leicht beunruhigt erkundigte sich meine Gattin beim Schlafwagenbegleiter nach Alternativen. Sie könne ganz ohne Scheu, erwiderte dieser, das Kabinett des benachbarten Liegewagens aufsuchen.

Die keimende Hoffnung scheiterte jedoch an der harten Realität, genauer: geriet bereits beim schnellen Überschlag im Kopf zur Groteske:

Legen wir zugrunde, dass unser Schlafwagen an diesem Abend etwa 30 Personen und der Liegewagen 60 Reisende beherbergte, ergaben sich bei dreiminütiger einmaliger Schnellbenutzung bereits 270 Minuten, in denen die Toilette besetzt war.

Immerhin fast die Hälfte der Zeit, die der Nachtzug zwischen Paris und Berlin unterwegs sein würde.

Wie sich herausstellte, war aber diese Zeitkalkulation falsch, denn viele Fahrgäste hatten sich mit stuhltreibendem Proviant eingedeckt oder, schlimmer, kauften Bier beim Schlafwagenschaffner:

Mit der angenommenen einmaligen Frequentierung des Toilettenraums war es also bei diesen Flüssigkeitsmengen nicht getan, und so bildete sich rasch eine Art Wartegemeinschaft, die in früheren Jahren vorzugsweise im Ostblock vor Geschäften, Restaurants und Ämtern sehr häufig anzutreffen war. Gegen zwei Uhr morgens stand ich wieder einmal müde, verschlafen und frierend im zugigen Vorraum des benachbarten Liegewagens. Erst

nach geschlagenen 22 Minuten war ich an der Reihe,
denn irgendjemand vor mir aus der Schlange musste
während seiner Sitzung eingeschlafen sein und kam erst
nach kräftigem Klopfen wieder zum Vorschein. Selbst der
abgebrühteste Abenteuertourist wird verstehen, dass wir
uns unter diesen Umständen nicht trauten, aus den im
Abteil vorgefundenen Flaschen stillen Wassers zu trinken,
um am Ende nicht mehr Zeit in der Pipischlange als im
Bett verbracht zu haben.

Aber auch dort war es nur gemäßigt angenehm. Denn wie
zum Hohn nächtigte das Paar Scheibe auf dieser Reise direkt
neben der dauerfrequentierten Toilette:

Traumhaft waren vor allem die explosionsartigen Ge-
räusche der chemischen Toilette, von der unsere Betten
nur durch eine dünne Wand getrennt waren. Dieser akus-
tische Beweis einer traumhaften Funktionstüchtigkeit
garantierte nur kurze, störende Schlafphasen …

Es ist nun an der Zeit, Herrn Scheibes Schilderungen zu verlassen, um festzustellen: Der Mann (und seine Frau) hatten
vergleichsweise noch Glück.

In unseren Breiten muss man, ehrlich gesagt, nicht einmal
den Nachtzug nehmen, um toilettenmäßig noch viel mehr
in Bedrängnis zu kommen. Es reicht, wenn man sich eines
schönen Montags einfach dem Regionalexpress von Viersen
nach Köln/Bonn-Flughafen mit Umstieg in Mönchengladbach anvertraut. Wie Josef Hillers, 76, dem sofort nach dem
Einsteigen auffiel:

Die Toiletten (zwei Stück) waren verschlossen. Vor der
Abfahrt konnte ich den Lokführer fragen, warum. Ant-
wort: »Wahrscheinlich wieder verdreckt.« Er schloss eine
auf und wurde …

Exkurs: Liebe Leserinnen und Leser, stockt Ihnen nun auch
der Atem? Haben Sie nicht auch schon angesichts der beharrlich verriegelten Toiletten in diversen Zügen wilde Theorien
im Kopf gewälzt? Dass in Wahrheit die dauerverschlossenen
Bedürfnisorte längst leer geräumt, die Tanks mit dem Faul-
und Frischwasser demontiert sind, um die empfindsamen
Radachsen mit weniger Gewicht zu belasten? Sich hinter
den angeblichen WC-Türen Flucht- und Schutzräume für das
Zugpersonal befinden? Oder dass man dort sogar eine neue
luxuriöse Wagenklasse, die Premium, eingerichtet hat, ein
echter Geheimtipp, von dem nur wenige Eingeweihte, zumeist zum Bahnfahren degradierte Bahnmanager wüssten?
Nun, zumindest in diesem Fall, so ergab die Recherche von
Josef Hillers, stimmte nichts davon: Der beherzte Lokführer
wurde in seiner Annahme, das Örtchen sei verschmutzt,
einfach nur …

… bestätigt. Er versuchte dann telefonisch Auskunft zu
bekommen, ob mit einer Instandsetzung zu rechnen sei.
Das war dann wohl der Witz des Tages bei der DB.

Derweil wuchs der Druck, auch bei anderen Fahrgästen:

In der Zwischenzeit (noch vor der Abfahrt) hatten schon
einige Reisende, die offensichtlich in einer ähnlichen Not-

lage waren, kurzerhand auf den Boden des Zuges uriniert. Was sollten sie auch sonst machen? Meinen Hinweis, dass ich eine Toilette benötige, konnte der Lokführer nicht für mich klärend beantworten. Lediglich mit dem Hinweis, dass auch der HAUPTBAHNHOF Mönchengladbach keine solche hätte – die beim Umstieg zu benutzen die große Hoffnung gewesen wäre –, man müsse sich da schon zum Vorplatz des Bahnhofs begeben. Dazu fehlte natürlich die Zeit. Wer kommt denn auch auf die Idee, dass, wenn er mit der Bahn reist, er vorher nicht trinken darf, die Blase unmittelbar zuvor zu entleeren ist, er seinen Schließmuskel vorher aufs Äußerste trainiert und die ihm vom Arzt verordneten Entwässerungstabletten an einem solchen Tag nicht nehmen darf? Meine Verzweiflung wuchs proportional mit dem Druck in der Blase. Kurz: Ich habe bis zum Flughafen meine Blase derart verkrampft, dass tagelange Schmerzen mich intensiv an den überwältigenden Service der Deutschen Bahn erinnerten.

Glücklicherweise ist Josef Hillers heute wieder wohlauf. Aber verharren wir gedanklich noch einmal kurz in seiner Lage. Und nun überlegen Sie doch mal: Würden Sie, wenn Sie dringend müssten, aber nicht könnten, mit einem Schaffner lange diskutieren, ob der von Ihnen verlangte Bordpreis angemessen ist? In der ersten Klasse oder im Bistro den Betrieb dadurch aufhalten, dass Sie eine Mahlzeit bestellen? Gar unnötig lange in dem betreffenden Zug verweilen?

Nein, das würden Sie nicht. Im Gegenteil: Ganz egal, wie lange Ihre Fahrkarte reicht, Sie würden im Prinzip aussteigen, sobald Sie könnten, wenn Sie nicht mehr könnten – und damit quasi Ihren bereits bezahlten Platz für einen anderen zahlenden Kunden freimachen. Das klingt, als sei der Toilettenmangel ein hoch perfides Element, Menschen gefügig zu machen, sie zu manipulieren. Und ehrlich: Haben Sie sich nicht auch schon häufig gefragt, warum gerade erfahrene Bahnreisende sich so viel gefallen lassen?

Wir können die ganze Sache aber auch fernab aller Verschwörungstheorien betrachten: Einen Zug mit Toiletten auf die Spur zu schicken, die in der Tat so verschmutzt sind, dass man sie vor der Öffentlichkeit verschließen muss, ist:

- ein kluger Schachzug der für die Wartung Zuständigen, Druck auszuüben und auf Arbeitsüberlastung und Personalmangel aufmerksam zu machen – und der dabei noch viel sympathischer ist, als es etwa die Vernachlässigung der Bremsen wäre.
- ein kluger Schachzug der Zugführer, Druck auf den Bahnchef auszuüben, endlich etwas zu tun.
- ein kluger Schachzug der Bahn, Druck auf den Bund auszuüben, um mehr Geld zum Beispiel für den Börsengang zu bekommen, wann immer er kommen mag.
- ein kluger Schachzug der Toiletten, endlich weniger Druck zu bekommen.

Die Plakate neben den ICE-Toiletten, auf denen Mittel gegen Harndrang angepriesen werden, erhalten in diesem Zusammenhang eine sehr viel tiefere Bedeutung: Sie können womöglich Leben retten! Denn solche Mittel bei sich zu haben könnte dem einen oder anderen unter sehr misslichen

Umständen womöglich das furchtbare Schicksal eines Tycho Brahe ersparen.*

Josef Hillers schrieb unter dem Eindruck seiner qualvollen Fahrt im Regionalexpress der Deutschen Bahn einen zugegeben emotional gehaltenen, aber nicht beleidigenden Brief, in dem er ausführt:

Nun nennt man die Entleerung der Blase und eines analogen Organs »Notdurft«. Das ist ein Zustand, der sich nicht beliebig »umorganisieren« lässt. Und die Abhilfe dieses Zustands darf keinem Menschen verweigert werden. Es handelt sich um eine zwingend notwendige Verrichtung. Und weiter: Ich bin 76 und werde mit Sicherheit in Zukunft noch mehr Auto fahren als bisher. Denn wenn ich dann muss, kann ich in die Büsche gehen, Amen.

Die Bahn antwortete (schon eine Woche später):

REISEGUTSCHEIN

Sehr geehrter Herr Hillers, vielen Dank für Ihr Schreiben vom 31. Mai 2011. Ich bedaure die Ungelegenheiten sehr, die Sie bei Ihrer Fahrt von Mönchengladbach nach Köln/ Bonn (Flughafen) hatten, und bitte Sie um Entschuldigung für die defekten Toiletten. Im Regelfall ist jeder Zug oder Triebwagen bei Bereitstellung mit zumindest einer Toilette ausgestattet. Trotz regelmäßiger Wartung

---

* Wir wollen nicht annehmen, dass es sich bei den versperrten Toiletten um eine hoch bezahlte verkaufsfördernde Maßnahme für ebendiese Harnstoppmittel handelt. So etwas würde die Bahn niemals tun – die Abhängigkeit von ein, zwei einzelnen Werbekunden wäre viel zu groß.

lassen sich aber gelegentliche Schäden an den sanitären Einrichtungen unserer Fahrzeuge nicht völlig ausschließen. Wobei die Defekte, Sie können es sich vorstellen, mitunter auch durch mutwillige Fehlhandlungen unserer »Fahrgäste«, wie Flaschen-, Windel oder Handtücherentsorgung, verursacht werden.

Ich bitte ebenfalls um Verständnis, dass wir – insbesondere an Wochenenden – zu stark verschmutzte Toiletten aus Hygienegründen bis zur nächsten Reinigungsmöglichkeit abschließen müssen. Grundsätzlich sind wir aber bemüht, diesen Service weiterhin in unseren Nahverkehrszügen vorzuhalten. Gleichwohl kann ich für keine funktionierenden Toilettenanlagen garantieren, da deren Ausfall dann zwangsläufig auch den Ausfall des Zuges nach sich ziehen würde. Und das ist sicherlich die schlechtere Alternative.

Im Rahmen der Kulanz und als kleine Geste der Wiedergutmachung habe ich mich dennoch dazu entschieden, diesem Schreiben einen Reisegutschein über Euro 15,00 beizulegen … Herr Hillers, Ihren zukünftigen Bahnreisen wünsche ich einen angenehmen und störungsfreien Verlauf.

Mit freundlichen Grüßen,
DB Regio NRW GmbH

Man könnte nun einfach nur der Ansicht sein, dieser Brief strotze vor sich selbst entlarvendem Zynismus. Oder wie anders käme der Verfasser darauf, die Blasenqualen mit einem Reisegutschein, einem Voucher also für künftige Reisen mit der Bahn, in der unerhörten Höhe von 15 Euro vergelten zu wollen: im Endeffekt mit nichts also. Denn hatte Herr Hillers nicht angekündigt, künftig lieber Auto fahren zu wollen?

Und was reitet einen Vertreter der Bahn, wenn er das Wort »Fahrgäste« genau so schreibt, in Anführungszeichen näm- lich – und somit seine Kunden nur als sogenannte Fahrgäste bezeichnet, die diesen Namen ohne Anführungszeichen gar nicht verdienen, weil sie vielleicht in Wirklichkeit etwas ganz anderes sind, am Ende gar Störenfriede oder Schädlinge? Man beachte dazu seinen nicht zu überlesenden Hinweis, dass es schließlich auch durch »mutwillige Fehlhandlungen« der Benutzer zu den Toilettendefekten komme.

Übersetzt heißt das nichts anderes als: »Die Bahnkunden, sie sind selbst schuld an ihrem Elend!«

Böse, zutiefst verlogene Zungen behaupten nun absurder- weise, dass Aufkleber mit diesem Slogan in regelmäßigen Ab- ständen an alle Mitarbeiter der Bahn versendet werden und dass ein Bahnmitarbeiter bei angemeldeten Hausbesuchen überprüft, ob die Aufkleber im Bad auch ja auf den Spiegeln kleben. Unsinn: Die Kontrolleure würden nie angemeldet kommen.

Doch seltsamerweise spiegelt sich diese Geisteshaltung auch in der Chartliste der Begründungen bei Zugverspä- tungen wider: Die »verspätet bereitgestellten Anschluss- züge« aus dem Ausland (immer etwas kurios bei mecklen- burgisch-vorpommerschen Regionalzügen) wurden mittler- weile gefühlt überrundet von »verspätet zusteigenden Fahrgästen«. Welch ein Empfang in einem Zug nach einer solchen Durchsage, wenn man selbst zu den keuchenden Zusteigern zählt, deren Anschlusszug vor einer halben Mi- nute verspätet am gegenüberliegenden Ende des Bahnhofs eintraf. Und welcher der Einsteiger wird es da noch wagen, sich gegen den Sitzplatz auf dem Boden im Zwischenwagenbereich aufzulehnen? Vermutlich wird die kreative Propagandaabteilung der Bahn demnächst Zugverspätungen auch mit »unangemessen viel Fahrgastgepäck« oder gar »übergewichtigen, nicht abnahmewilligen Fahrgästen« begründen.

Und damit kommen wir zu einer weiteren Geisteshaltung, die diesen Zeilen deutlich innewohnt und die offenbar symptomatisch für das System Bahn ist: die pure Unverbindlichkeit. Der Schreiber entschuldigt sich zwar für die defekten Toiletten. Gut und schön. Aber was folgt daraus? Kein Versprechen, man werde es künftig anders machen, oder es werde nicht wieder vorkommen. Kein wie auch immer gearteter Hinweis, man werde der Sache nachgehen, denn generell sei das nicht so ganz in Ordnung, wenn Kunden der Bahn sich notgedrungen im Gang erleichtern müssten und andere sich die Blase verrenkten. Keine Aussage, die auf irgendeine Aktion, irgendein Tätigwerden hindeutet. Nichts, außer der schaurigen Formulierung, man bemühe sich, den »Service« Toilette weiter anzubieten, könne dies aber nicht garantieren.

Dieser Brief illustriert wunderschön zugespitzt, was geschieht, wenn man sich bei der Bahn beschwert: nichts. Motto: »Hallo Kunde, du kannst dich gerne beschweren. Du kannst es aber auch lassen. Bringt dir eh nichts, ha ha ha!«

Im Gegenteil: En passant erfährt der Reisende, dass Toiletten im Grunde mehr oder weniger disponibel sind. Wie das BordRestaurant schon länger. Denn je nachdem, ob die Elektrik willig ist und ob die BordRestaurantbesatzung es geschafft hat, den Zug rechtzeitig zu erreichen, kann es offen oder zu sein.* Aber eine Garantie für einen dieser Zustände wird nicht abgegeben.

Wenn aber Toiletten disponibel sind – sind es dann bald die Lampen? Die Tische in den Abteilen? Die Sitze?

Vielleicht ist es aber auch nur so, dass das beste aller Transportunternehmen mit dem Toilettennotstand erst ein wenig mehr Druck aufbauen will. Bis die Kunden, die dann noch Bahn fahren, gerne einen Toilettenobolus (zwei bis fünf Euro) bezahlen.** Einen Lichtobolus. Einen Tischobolus. Einen Sitzobolus …

Fazit: Macht es Ihnen eventuell etwas aus, über Stunden eventuell keine Toilette aufsuchen zu können, sollten Sie ein bis zwei Minitoiletten mit sich führen. Diese, viel kleiner und flacher als eine bis dato meist verwendete Granini-Flasche, lassen sich in der Handtasche oder einer Reiseweste oder, will man provozieren, auch ganz offen transportieren. Sie binden den Harn von Männern und Frauen mittels Granulat und lassen sich anschließend ohne störende Ausflüsse und Gerüche entsorgen. Allerdings sind sie keine Lösung für das größere Geschäft. Wer hier auf Nummer sicher gehen will, dem bleibt nichts anderes übrig, als eine chemische Campingtoilette bei sich zu haben. Und das Geschleppe rechnet sich durchaus – nach den ersten Obolussen anderer Toilettengänger.

---

* Sind auch die Toiletten zu, wandelt sich letzterer Mangel wenigstens in einen Vorteil.

** Verflixt, nicht dass wir am Ende die Bahn wieder auf eine Idee gebracht haben …

Bei Notruf: Lied

Machen wir uns nichts vor. Nicht erst seit den grausamen Vorfällen in der Münchner U-Bahn und an einer Berliner S-Bahn-Station beschleicht uns immer wieder ein ungutes Gefühl, sozusagen ein subjektives Bedrohungsszenario, wenn wir uns zu ungünstigen Zeiten auf einsamen Bahnsteigen aufhalten müssen (meist zwangsweise, weil wieder irgendein Schienenfahrzeug wegen irgendeines verdammten Problems auf sich warten lässt). Natürlich lässt es die finanzielle Lage der Bahn (auf »Twitter« würde man hier verkürzend »#Renditedruck« schreiben) nicht zu, dass zu jeder Zeit auf jedem x-beliebigen Bahnhof echtes Personal arbeitet. Aber muss es denn auch immer die teure Lösung sein? Claudia Schneider aus Lippstadt hat bei einem Ausflug nach Aachen eine interessante Beobachtung gemacht, wie die Bahn sehr kreativ mit Notrufen umgeht:

An einem trüben Morgen gegen halb sechs hatten sich eine Handvoll frierender Reisender auf dem Bahnsteig Aachen-West versammelt. Sie wollten dem üblichen Nieselregen der Stadt in Richtung Düsseldorf entkommen. Offenbar hatten Sammler oder Bahnhasser den Abfahrtplan aus dem Aushang neben dem Aufgang mitgenommen, möglicherweise angestiftet durch die fehlende

Glasscheibe, aber zum Glück stehen in Aachen-West nur zwei Gleise zur Auswahl. Eins und zwei. Für Durchsagen schien es den Aachener Jecken jedoch noch zu früh, das galt ebenfalls für die Anzeigetafel. Sie blitzte kurz auf, zeigte eine Zehntelsekunde lang irgendeine Zugverbindung an und blieb dann konsequent leer.

Ein ratlos blickender Mann, der aufgeregt mit einem riesigen Rucksack zwischen beiden Gleisen hin und her lief, fragte etwas in einer unbekannten Sprache. Auf seiner Mütze stand »Jamaika«, und augenscheinlich wollte er zurück in die Sonne. Ein paar ältere Bahnroutiniers besaßen womöglich das Insiderwissen, dass man über Gleis 1 zurück in Aachens Mitte befördert wird und daher für Fernreisen besser Gleis 2 nutzt. Aber um diese Zeit und noch dazu in einer fremden Sprache wollte wohl niemand von ihnen sein Wissen teilen.

Ein paar spanische Studenten waren kooperativer, hatten aber leider überhaupt keine Ahnung, wo sie waren und wo es vielleicht nach Düsseldorf gehen könnte. Sie rieten dem Mann auf Englisch, die elektronische Infosäule der Bahn zu nutzen: »Press button, man.«

Der Jamaikaner schleppte seinen Rucksack in den Wartebereich, wo die Infosäule mit Bahnlogo und zwei Knöpfen stand. Die Auswahl konnte zwischen »Info« und »Notruf« getroffen werden. Er entschied sich korrekt für den Button »Info«, drückte ihn – und hörte ein Rauschen. Eine kratzige Stimme nuschelte kurz und verstummte dann. Nochmals drücken: diesmal ein Rauschen ohne Stimme. Beim dritten Mal kam ein international übliches »shit« über seine Lippen. Rauschen war die Antwort.

Beim vierten Mal blieb es still. Der Knopf reagierte nun gar nicht mehr auf irgendeinen Druck.

Dem Bahnsteig näherte sich jetzt aus der Ferne ein Zug, und in diesem Moment wollte der Mann mit der Mütze es wohl wirklich wissen und drückte den Notrufknopf. Es erklang Musik. Der Jamaikaner starrte die Säule an, die Umstehenden ebenfalls.

»Sie wissen nicht, was sie tun!«

Mark Spörrle sprach mit dem Kabarettisten über Schuld und Zuständigkeit bei der Bahn. Und wie er damit fertigwird, dass man ihn beim Zugfahren immer wieder reinlegt.

Herr Hildebrandt, können wir sagen, die Bahn ist so etwas wie Ihr zweites Zuhause …

Ich habe im Jahr 160 Vorstellungen, und mehr als die Hälfte aller Orte erreiche ich mit der Bahn. Das heißt, ich fahre wahrscheinlich Tausende von Kilometern, ich habe sie noch nicht zusammengerechnet. Und als jemand, der sehr pünktlich zu Vorstellungen da sein muss, äußerst pünktlich, weil es sich dabei um meine eigenen handelt, bin ich abhängig von diesem Transportmittel.

Ist das nicht etwas unvorsichtig? Die Bahn ist bekanntermaßen nicht immer pünktlich.

Ohne Angst kommt man nicht aus. Einen Teil meiner Nerven lasse ich auf dem Zug, bevor ich die Stätte meines Auftritts überhaupt erreiche. Am gefährlichsten ist das Umsteigen: Zwischen Ankunft und Abfahrt liegen immer zehn, zwölf Minuten, und da schafft die Bahn sehr oft die Anschlüsse nicht mehr. Und zwar immer dann, wenn man vom ICE in die Regionalbahn umsteigen muss. Ohne Regionalzüge geht es aber nicht, denn ich will auch in Orte, wo die Bahn nur noch ungern hinfährt …

Ist das nicht im Grunde Ihre eigene Schuld? Sie gehen ein hohes Risiko ein: Sie fahren in diese Orte, obwohl Sie umsteigen müssen.
Ja, das ist meine Schuld. Es ist auch meine Schuld, dass ich überhaupt mit der Bahn fahre. Aber ich habe ernst genommen, was damals der neue Bahnchef versprochen hat.

Der aktuelle Bahnchef?
Nein, der vor ihm, der kleine, der jetzt bei airberlin ist, damit die Leute wieder zurück in die Züge fliehen. Der hat damals mit Kanzler Schröder die Parole ausgegeben: »Wir müssen alles auf die Schiene legen.« Und da dachte ich als folgsamer Bürger: Ich lege mich auf die Schiene.

Dieter Hildebrandt, geboren am 23. Mai 1927 in Bunzlau/Niederschlesien, ist Kabarettist und Satiriker. Nach der Oberschule war er Luftwaffenhelfer in Berlin, wurde zur Wehrmacht einberufen, kam in amerikanische und englische Kriegsgefangenschaft und wurde 1945 entlassen. Er studierte Theaterwissenschaften und Literatur in München und gründete zuerst das Studentenkabarett »Die Namenlosen«, dann, zusammen mit Sammy Drechsel, die »Münchner Lach- und Schießgesellschaft«. Einem breiten Fernsehpublikum bekannt wurde er als Moderator und Mitautor der ZDF-Sendereihe *Notizen aus der Provinz* und als Begründer der Sendung *Scheibenwischer*. Bis heute ist Dieter Hildebrandt als Kabarettist, Schauspieler und Autor aktiv. Zuletzt veröffentlichte er die Bücher *Ich musste immer lachen* (2006) und *Nie wieder achtzig!* (2007). 2011 erschien das Hörbuch zu seinem Programm *Ich kann doch auch nichts dafür.*

Das haben Sie zum Glück nicht wirklich getan! Eben erst hat ein Lokführer die Hinterbliebenen eines Menschen, der sich vor seinen Zug geworfen hat, auf Schmerzensgeld verklagt.
Ich bin manchmal kurz davor, wenn ich Bahn fahre.

Sie haben also in gutem Glauben Ihr Auto abgeschafft?
Ich habe es nicht abgeschafft. Es gibt ja inzwischen immer mehr Orte, die per Bahn gar nicht mehr erreichbar sind. Wo die ehemaligen Bahnhöfe inzwischen Gasthöfe sind. Oder Bibliotheken. Oder Kleinkunsttheater. Sehr oft Kleinkunsttheater …

So kann man die verzweifelten ehemaligen Bahnkunden wenigstens bei Laune halten.
Richtig. Und als Ersatz für die Bahn gibt es Busgesellschaften, von denen man auch wieder abhängig ist. Das ist noch schlimmer als bei der Bahn.

Noch schlimmer?
Die Busse sind oft zu klein. Ich habe immer Gepäck dabei, anscheinend rechnet man damit bei heutigen Reisenden nicht. Ich habe eine Tasche, und ich habe einen Koffer, in dem meine Sachen für jeweils fünf, sechs Tage sind – der ist also ziemlich schwer. Was nicht sehr gescheit ist von mir, da bin ich also wiederum selbst schuld: Denn die Bedingungen, den Koffer in einen Zug zu kriegen, sind auch nicht ideal. Die Treppen am Zug sind sehr steil, besonders bei den Regionalzügen. Und ich bin ja nun auch schon in einem gewissen Alter …

Sie sind 84. Das ist wirklich gut für jemanden, der noch Bahn fährt.

Und da es in diesem Alter nicht mehr so einfach ist, den Koffer zu heben, gebe ich ihm Schwung, so, und dafür brauche ich Platz ...

Sie schlenkern den Koffer hin und her.

Nein, ausgefeilter: Ich schlenkere den Koffer hin und her und gebe ihm dann mit dem Knie einen Schubs – dafür muss ich aber Platz haben, sonst treffe ich immer andere Leute.

Haben Sie in dieser Situation einmal erlebt, dass Ihnen ein Bahnangestellter geholfen hätte?

Habe ich tatsächlich. Und gegen diese Leute habe ich gar nichts. Aber ich habe festgestellt, dass offenbar bei der Bahn die Koordination nicht funktioniert. Es ist jetzt ungefähr das 25. Mal in den letzten drei Jahren, und der Zustand scheint sich zu verschärfen, dass Folgendes passiert: Ich warte auf dem Bahnsteig auf die Einfahrt der Erste-Klasse-Wagen – ich fahre erster Klasse, das leiste ich mir, das brauche ich ...

... man wird da immerhin am Platz bedient, sofern man Glück hat und weit genug fährt ...

... vor allem habe ich da meine Ruhe und muss nicht in einem Abteil sitzen, in dem mir die Leute ihre Mitarbeit antragen.

Das passiert Ihnen in der ersten Klasse nicht?

Nein, weil da alle Leute telefonieren. Und ich höre die wunderbarsten Sachen mit. Zahlen, Nummern, Details. Und habe mir schon öfter gedacht, jetzt könnte ich mit diesem Wissen genau dort anrufen, wo der Mensch eben angerufen hat, und könnte das ganze Geschäft cancel. Meist höre ich allerdings andere Dinge. Heute verreist ja nicht mehr der Chef, es verreist der Befehlsempfänger. Der telefoniert dann mit seinem Standortkommandanten: »Ja. Genau. Genau. Okay. Alles klar. Genau. Äh, genau. Alles klar. Ja. Äh, da könnte noch – ach so. Genau. Ja. Und äh … bis … Auf Wiedersehen.« Ein absolutes Untertanengespräch. Aber manchmal hört man ja tatsächlich auch die Obertanen. Mit einer herrischen Stimme, ganz laut, damit alle wissen, dass sie befehlen. Einmal stieg einer ein, der hat das Gespräch quasi durch den ganzen Waggon geführt und jemanden zusammengeschimpft. Der Mann war Kurt Biedenkopf.

Auf die Dauer kann es anscheinend sogar in der ersten Klasse ganz schön nervig werden. Wenn da jemand herumschreit und andere stört, hilft doch sicher das Zugpersonal.

Die wimmeln meistens ab. Wie übrigens auf dem Bahnsteig auch. Um darauf zurückzukommen: Ich stehe also auf Gleisabschnitt A, dort soll der Wagen 262 zum Stehen kommen, Nr. 71, Fensterplatz, das ist meistens mein Platz, noch angewärmt vom letzten Mal. Und ganz kurz bevor der Zug einfährt, sagt aus dem Lautsprecher eine Stimme ganz lakonisch: »Wir bitten Sie um Verständnis! Aber …« Dann sagt die Stimme an, dass die Wagen in umgekehrter Reihenfolge einfahren. Und was passiert? Die, die vorne auf dem Bahn-

steig stehen, wollen mit ihren Koffern in allerhöchster Eile nach hinten. Und die, die hinten stehen, wollen nach vorne. In der Mitte prallen sie zusammen, und dadurch entstehen die Verspätungen!

Sie wollen jetzt nicht sagen, die Bahnmitarbeiter treiben ihr Spiel mit den Fahrgästen? Und beobachten dann kichernd das von ihnen angerichtete Chaos?

Die Leute von der Bahn haben keine Ahnung, was los ist. Ich habe einen gefragt, der in einer Glaskanzel saß, eine Art Fahrdienstleiter. Ich habe gefragt: »Warum passiert das? Warum passiert das schon zum dritten Mal in dieser Woche?« Und er hat gesagt: »Ja, ich kann doch auch nichts dafür!« – »Natürlich«, habe ich gesagt, »Sie können nichts dafür. Aber Sie haben doch die Uniform an von diesem Laden. Und müssten doch jetzt auch die Verantwortung übernehmen. Ich bin doch der Kunde!«

Und was hat er geantwortet?

Da werden diese Leute schon böse.

Die Bahnmitarbeiter werden böse, wenn man sie fragt, warum sie sich nicht zuständig fühlen?

Weil sie wissen, dass sie sich nicht verteidigen können. Sie wissen, dass das einfach so läuft, täglich, es passiert dauernd. Ich habe ihn gefragt: »Weiß der Zugführer eines Zuges, der von Garmisch-Partenkirchen nach Lübeck fährt – eine lange Fahrt, und ich steige in Essen zu –, weiß der Zugführer bis dahin nicht, dass sein Zug in umgekehrter Reihenfolge fährt? Und gibt es nicht eine Verbindung zwi-

schen dem Zugführer und dem Bahnhof, um dieses Wissen zu übermitteln?« Und er sagt: »Nein.« »Was«, sage ich, »es gibt keine Verbindung zwischen dem Zugführer und dem Bahnhof?« »NEIN!«

Es gibt keine Verbindung zu einem Zugführer? Kein Funkgerät, kein Handy?
Hat er gesagt. Ein Fahrdienstleiter. Und ich frage: »Müssten der Zugführer und der Mann, der den Wagenstandsanzeiger bedient, nicht zusammenarbeiten, um die Leute nicht auf jedem Bahnsteig gegeneinanderzujagen? Oder machen Sie das mit Absicht?« Und da war er schon wieder beleidigt. Es funktioniert wirklich nicht. Und es funktioniert immer weniger nicht. Und ich habe die Vermutung: Es ist ihnen scheißegal.

Das kann einem wirklich so vorkommen.
Das gilt auch bei den Durchsagen. Die Mikrofone sind immer zu laut eingestellt. Und ich würde der Bahn grundsätzlich raten: Wenn die nur Leute haben, die so sprechen, dass man nichts versteht – entweder in einem nicht verständlichen Dialekt oder sie schnurren etwas ganz hastig runter –, dann sollten sie vielleicht Schauspieler einsetzen. Die könnten ihnen alles einmal verständlich aufs Band sprechen, und die Bahn könnte es immer wieder abspielen. Das gibt es ja vereinzelt schon …

… zum Beispiel in der Straßenbahn im thüringischen Gera. So haben auch Nicht-Einheimische die Chance, zu verstehen, wann sie aussteigen müssen. Andererseits müssten die Zug-

begleiter der Bahn dann bei jedem Störfall auf der Strecke erst durch Hin- und Herspulen des Bandes die passende Ausrede suchen, denn bessere Technik wäre der Bahn ja sicher zu teuer. Vielleicht wäre den Zugbegleitern das auf die Dauer auch zu umständlich und sie würden die Fahrgäste lieber gar nicht mehr informieren. Wie heute auch schon manchmal.

Es gibt Personal bei der Bahn, das von einem unglaublichen Zynismus befallen ist. Ich habe ein behindertes Ehepaar getroffen, das empört war, weil wieder mal die Wagen in umgekehrter Reihenfolge einfuhren. Ich bin mit den beiden den Bahnsteig entlanggehastet, die haben es mit Mühe und Not geschafft. Und dann haben sie sich bei dem Schaffner beschwert, der sagte: »Ich kann doch auch nichts dafür.« Andere Mitfahrer erzählten mir, ihnen sei das Gleiche passiert, sie hätten sich beschwert, und ihnen habe jemand von der Bahn geantwortet, da müssten sich die Leute »halt mal bewegen«.

Für Nichtbahnfahrer wäre diese Antwort unglaublich.

Frech! Ganz offensichtlich ist bei der Bahn das Sich-Beschweren auch nicht leicht. Und wenn man sich beschwert, wird sich dadurch nichts ändern. Es wird zur Kenntnis genommen. Und dann bittet man um Verständnis. Ich hab einmal geschrien, als man bei einer Durchsage im Zug mal wieder um Verständnis bat: »Wir haben keins!« Und das fanden alle, die mit mir im Wagen saßen, auch. Denn das ist unverschämt. Aber das Beste passierte mir, als ich nach Teterow wollte.

Warum ausgerechnet nach Teterow?

Ich musste da hin, aber da muss man nicht hin, das merkte ich aber erst am Tag danach. Teterow ist weit weg, von allem. Ich habe Google gefragt, das sagte mir: »Bei Güstrow. Rostock.« Bei der Bahn hat man mir gesagt, es fährt ein Regionalexpress hin. Da war ich schon sehr froh.

Das klingt bis jetzt noch nach einer Erfolgsgeschichte für die Bahn.

Der Platz, den ich in diesem Zug reserviert habe, der war nicht da, weil der Wagen nicht da war. Und der Schaffner war auch nicht da. Ob ich den Anschlusszug in Güstrow kriegen würde, das blieb offen. Der Bahnhof Güstrow war wiederum geschlossen. Selbst wenn er offen gewesen wäre, es hätte auch keinen Sinn gehabt, weil nach Teterow gar kein Zug fuhr. Es gab keine benutzbaren Gleise. Die Bahn hat aber getan, was sie konnte: Sie hat mir eine Fahrkarte dorthin verkauft. Und wieder dasselbe: Jedes Mal, wenn ich einen Bahnmann gefragt habe, was das soll, sagte der: »Ich kann doch auch nichts dafür.« Irgendwann hatte ich das dann so oft gehört, dass ich es als Titel für mein Programm 2011 nehmen musste. Wenn man sich das einmal überlegt: Die Engländer haben mit Bomben und Granaten versucht, die deutschen Züge zum Stillstand zu bringen. Es ist ihnen nicht gelungen. Geschafft hat das erst die Deutsche Bahn.*

---

* Übrigens: Inzwischen ist Teterow, ein wunderschönes Städtchen in der Mecklenburgischen Schweiz, wieder mit der Bahn erreichbar.

Das könnte ein Bahnchef jetzt wiederum für gemein von Ihnen halten.

Na, hören Sie. Was für eine blöde Idee: Mit einer sozialen Einrichtung an die Börse zu gehen. Da kann man ja gleich ein diakonisches Hilfswerk nehmen ...

Die Bahn als soziale Einrichtung – ob unser Verkehrsminister das auch so sieht? Und unser Finanzminister, der 500 Millionen Euro Rendite pro Jahr haben will?

Dafür hat man die Bahn geschaffen, früher, als Verkehrsmittel für Menschen, die kein eigenes Fahrzeug besitzen, um zu ihrem Arbeitsplatz zu fahren. Das müssen die Menschen heute immer noch. Und dafür braucht man die Bahn. Jetzt heißt es aber: Eine Zubringerbahn für Pendler ist nicht profitabel. Und so setzt die Bahn all ihre Interessen in die ICEs. Und die regionalen Strecken werden dann vielleicht von anderen Firmen übernommen – die aber auch profitorientiert sind. Und insofern haben die Leute am Ende keine Chance: Sie müssen wohl oder übel wieder ins Auto und auf die Straße. Die Politiker, die all das überwachen, sollten eigentlich bei solchen Problemen vermitteln. Das ist res publica, die öffentliche Sache. Aber das begreifen die Politiker nicht mehr, sie sind auf einer der beiden Seiten. So ist es auch mit »Stuttgart 21«. Und mit Teilen der Presse. Die sollten den Schwachen helfen, aber sie verbünden sich mit den Starken, weil sie auch Profitunternehmen sind.

Oder weil das Primat, immer wirtschaftlich zu denken, uns alle durchdrungen hat?

Wer etwas anderes sagt, wird als Romantiker bezeichnet und lächerlich gemacht.

Warum lassen sich die Kunden der Bahn eigentlich so viel gefallen?

Das ist nicht nur bei der Bahn so, sondern beispielsweise auch beim Fliegen. Ich habe mal eine Eincheckerin auf dem Flughafen gefragt: »Die haben hier sieben Abfertigungsschalter, es sind aber nur zwei besetzt: Die Schlange ist 30 Meter lang, und die Leute kommen nicht rechtzeitig zu ihrem Flugzeug. Warum lassen Sie sich das gefallen?« Daraufhin lächelte sie mich an und sagte: »Wenn Sie das mal zur Sprache bringen könnten, wäre ich Ihnen wirklich dankbar.«

Warum fahren Sie noch Bahn, trotz all dieser Härten?

Was soll ich machen? Ich brauche zu viel Kraft und Energie, um mit dem Auto 300, 400 Kilometer an ein Ziel zu fahren. Ich bin auf die Bahn angewiesen – sie aber nicht auf mich.

Wie werden Sie damit fertig, dass die Bahn Sie immer wieder reinlegt?

Ohne Humor geht das gar nicht. Ich flüchte mich in böse Sprüche. Und wappne mich innerlich für die nächste plötzliche Durchsage wegen der umgekehrten Wagenreihenfolge.

Haben Sie den Eindruck, die Zustände bei der Bahn sind am Ende wirtschaftlich, also politisch gewollt, beispielsweise als geheimes Förderprogramm für die Straßenbau- und Automobilindustrie?

Wissen Sie, für so intelligent halte ich diese Leute nicht. Es passiert ihnen einfach. Und sie wissen nicht, was sie tun.

Als Sani im Saunazug – oder warum die Bahn nicht mit Hitze kann

Erinnern Sie sich an den Fußball-WM-Sommer 2006? Wochenlang Sonnenschein, jeden Tag blauer Himmel – punktgenau dann, als die Welt zu Gast bei Freunden war? Was für ein Zufall! Manche munkelten damals schon etwas von Wettermacherei, von Flugzeugen, die nachts aufstiegen, um jede sich bildende Wolke kurz hinter der dänischen oder der österreichischen Grenze abzufangen, mit Chemie zu besprühen und fern aller Stadien zum sofortigen Abregnen zu bringen.

Ähnliches Gemunkel wurde im vergangenen Sommer 2011 laut. »Sommer?«, sagen Sie nun entsetzt, »Wo soll da ein Sommer gewesen sein?!«

Eben. Es gab eigentlich keinen. Und den völlig unbewiesenen Gerüchten zufolge war genau das der Erfolg der Wetterflugzeuge. Die nicht aufstiegen, um schönes Wetter zu machen, sondern um Pülverchen in die Atmosphäre zu streuen, die sich mit den Kondensstreifen der Triebwerke zu einer Mischung verbanden, die Feuchtigkeit, Nässe, Wolken förmlich anzieht.

Wie auch immer, der Sommer 2011 war gut für die Bahn: ständig und überall Wolken am Himmel. Wolken, die die Sonne verdeckten, dafür sorgten, dass es nicht zu heiß wurde. Und bei jedem Unwetter über Meck-Pomm, jedem

Platzregen im Allgäu, jeder wegen Starkregens gesperrten Autobahn irgendwo, tupften die Planer der Bahn sich erleichtert den Schweiß von der Stirn.

Nur einmal kurz, es war ein Sonntag, ein Tag, an dem auch viele Bahnplaner und Piloten frei haben, kam es zum GAU: Das Thermometer kletterte kurz entschlossen hochsommerlich nach oben, und im Nu gaben die Klimaanlagen in 20 Fernzügen auf. In Bielefeld mussten 500 Reisende einen überhitzten ICE verlassen. In Würzburg fiel in einem ICE nicht nur die Kühlung aus, sondern die gesamte Elektrik. Und auch die Türen öffneten sich dummerweise nicht mehr. Im letzten Moment – hatte man endlich einen Wetterpiloten aufgetrieben und aus der Kneipe ins Flugzeug gezerrt? – kam der Bahn, und natürlich den Fahrgästen, das Wetter zu Hilfe: Es schüttete wie aus Kübeln, sodass sich die Hitzeblessuren in Grenzen hielten.

Ernsthaft: Der Sommer in Deutschland ist ein schwer fassbares Phänomen. Seit jeher ist er aus meteorologischer Sicht regnerisch, der Juli gehört zu den Monaten mit den höchsten Niederschlägen. Aber seit den siebziger Jahren, die die Autoren gefühlt fast durchgehend in schweißtreibendem gelben Regenzeug verbrachten, hält sich der Sommer nicht mehr daran: Es gibt weniger Regen. Mehr Sonnentage. Und richtige Hitze – manchmal wochenlang!

Aber der Klimawandel war offensichtlich noch kein Thema, als die Leute von der Bahn vor Jahren Klimaanlagen für ICEs und ICs bestellten. Geräte, die nur bis zu einer bestimmten, in ihrem absoluten Wert immer noch umstrittenen, aber offenbar für die heutige Realität zu niedrig gewählten Außentemperatur richtig kühlen (manche spre-

131

chen von 32 Grad Celsius). Aber, und so ist das bei Kühlschränken auch: Leistungsschwächere Geräte sind günstiger.

Einige Jahre lang fiel das nicht groß auf, selbst an Hitzetagen: Beschwerten Fahrgäste sich, dass es zu heiß wurde, und sahen diese Fahrgäste aus, als könnten sie wichtig sein oder jemanden kennen, der wichtig ist, ließ man sie gönnerhaft in der ersten Klasse sitzen. Und fiel auch dort die Anlage aus, konnte man einen Ersatzzug losschicken und die Schwitzenden und Stöhnenden so lange auf einem schattigen Bahnhof aussetzen oder mit Gutscheinen fürs BordRestaurant bei Laune halten.

Dumm war nur, dass der Vorgänger des jetzigen Bahnchefs fest an den großen Börsengang glaubte und der Rendite wegen so eisern sparen ließ, dass es irgendwann praktisch keine Ersatzzüge mehr gab und auch die Klimaanlagen lange auf Wartung warten mussten.

Aber dann kam der neue Bahnchef. Ein *Homo sympathicus*. Ein Bahnchef, der lächelte (!). Ein Mann, der Leute, denen Unbill mit seiner Bahn zugestoßen war, auch mal zu ihrer völligen Verblüffung anrief, um sich persönlich zu entschuldigen. Oder ihnen zumindest eine SMS schickte – einfachen Bahnopfern!

Es ist nicht bekannt, dass der vorige Bahnchef so etwas in diesem Ausmaß jemals tat, immerhin musste er im Vorfeld des Börsengangs Telefon- und SMS-Kosten sparen. Und wir dürfen deshalb ohne jede Recherche annehmen, dass die Assistenten und PR-Leute des neuen Chefs alle Hände voll zu tun hatten, bis die beim heimischen Abendbrot Angerufenen auch glaubten, dass eben wirklich der Bahnchef dran war und sie nicht irgendein durchgeknallter Dudelsender-Stimmimitator veralbern wollte.

Auch sonst erzählte dieser neue Mann an der Bahnspitze wunderbare Dinge, die den Kummer aus Leidenschaft gewohnten Bahnkunden vorkamen, als sei nun unverhofft das Goldene Zeitalter des Bahnfahrens angebrochen. Als gehe es nicht um die Rendite, sondern um die Menschen. Er sprach davon, dass der Börsengang nicht so wichtig sei. Er sprach von besserem Service. Größerer Verlässlichkeit! *Yes, we can!*

Und dann kam der heiße Sommer des Jahres 2010 und der 10. Juli. Und es wurde heiß, und das Wetter war für die Bahn auch keine Hilfe: Bei wolkenlosem Himmel stieg das Thermometer über 30 Grad. Trotzdem stieg Dominik Stöber, Medizinstudent an der Charité, am Berliner Hauptbahnhof in den ICE nach Köln, um zu seiner Familie zu fahren. Aber kaum war der Zug unterwegs, wurde es warm, dann heiß. Schließlich bat der Zugchef in Hannover alle Reisenden auszusteigen.

Und dann ging es erst richtig los, berichtet Stöber:

Auch der darauffolgende ICE hatte Probleme mit der Klimaanlage und wurde in Hannover geräumt, sodass der darauffolgende ICE 846, der in Richtung Köln startete, hoffnungslos überfüllt war. Schnell wurde klar, dass auch in diesem Zug keine Klimaanlage funktionierte. In den Gängen war durch die vielen stehenden Reisenden kaum Platz, und die Temperatur stieg stetig an. Die Luft wurde durch die Menschenmenge und der Tatsache, dass man in einem ICE keine Fenster öffnen kann, immer stickiger.

In den BordBistros wurden kostenlos Getränke ver-
teilt.

Vor allem Letzteres will bei der Bahn schon etwas heißen. Wenn kostenlos etwas verteilt wird, ist echt Not am Mann. Aber es half wenig: Fahrgäste, vor allem jüngere, die besonders hitzeanfällig sind, erlitten Kreislaufzusammenbrüche. Irgendwo im Zug riss die Mutter eines kleinen Jungen, dem es schlecht ging, einen Nothammer aus der Wandhalterung und versuchte damit, eine Fensterscheibe einzuschlagen. In einem benachbarten Wagen, in dem eine Schulklasse von Siebzehn- bis Achtzehnjährigen auf Klassenfahrt unterwegs war, eskalierte die Situation, erzählt Stöber:

Hier kollabierten mehrere Schülerinnen gleichzeitig. Einige Schüler lagen auf dem Boden und hatten das Gefühl, keine Luft mehr zu bekommen. Viele, vor allem Mädchen, hyperventilierten.

Glücklicherweise ist Dominik Stöber nicht nur Medizinstudent, sondern obendrein ausgebildeter Rettungssanitäter. Er hatte sich am Bahnhof Hannover mit Wasser eingedeckt, und er handelte:

Ich versuchte zu helfen, indem ich die Schüler in die Schocklage brachte, Getränke und feuchte Umschläge verteilte. Die hyperventilierenden Schülerinnen habe ich beruhigt und durch eine Plastiktüte vor Mund und Nase CO_2 zurückatmen lassen.

Zusammen mit den Lehrern und einem ebenfalls zufälligerweise mitfahrenden Krankenpfleger schaffte es Stöber, die Mädchen stabil zu halten:

Circa 15 Minuten vor Bielefeld hatte man bei Temperaturen von über 50 Grad endgültig das Gefühl, in einer überfüllten Sauna zu sitzen.

Andere sprachen davon, dass 70 Grad geherrscht hätten, eine Temperatur, die selbst EHEC-Keime abtötet und die von der Bahn später wild dementiert wurde – zu Recht: Nur ein knappes Jahr später lehrte eine EHEC-Epidemie Deutschland das Fürchten.* Und dann, endlich, erinnert sich Stöber,

kündigte der Zugchef über Lautsprecher an, dass wir in Bielefeld erst einmal stoppen wollen, um den Zug über alle Türen zu lüften.

Doch die Reisenden hatten genug von dem Horrortrip: Kaum waren die Türen auf, flohen sie aus dem Zug auf den Bahnsteig.

Dort stellte sich heraus, dass bei einer weiteren Schulklasse die Situation ähnlich dramatisch war. Insgesamt mussten über zwei Dutzend Personen durch die nach und nach eintreffenden Rettungskräfte ärztlich versorgt wer-

---

* Im Internet kursiert das Gerücht, der gefährliche neue EHEC-Erreger sei nicht in Ägypten, sondern in der Bahn durch hitzebedingte Mutationen entstanden. Aber das wollen selbst die Autoren dieses Buchs nicht glauben.

den. Ich half mit, solange es nötig war. Dann nahm ich
mir zusammen mit zwei anderen Köln-Reisenden einen
Mietwagen – mit intakter Klimaanlage.

Wir wissen nicht, wie viele Schüler der besonnen handelnde
angehende Arzt vor Schlimmerem bewahrte. Aber wir wissen, dass er keinen Anruf, keine SMS, keinen Gutschein fürs
Bistro, nicht einmal einen Dankesbrief jenes Mannes bekam,
der einige Zeit zuvor als Bahnchef der Herzen angetreten
war.

Nur den offiziellen Angaben der Bahn zufolge, fielen bei
hochsommerlichen Temperaturen in 14 Tagen bei 51 Fernzügen die Klimaanlagen aus. Sechsunddreißigmal handelte es
sich um ICE-Züge, am häufigsten um ICEs der Baureihe ICE
2. Die Ausfälle der Klimaanlagen, sagte der Bahnchef später
ganz richtig, »waren ein herber Rückschlag in unserem Bemühen, die Bahn zu einem sympathischeren Unternehmen
zu machen«.

Ein weiterer Rückschlag war aber die Reaktion der Bahn,
als es um die Frage ging, ob man die Hitzeopfer nicht doch
mit etwas anderem entschädigen sollte als mit ein paar Gutscheinen fürs Bistro – die mit den in den überhitzten Zügen
ausgegebenen Getränken gleich auf null zu verrechnen für
die Bahnmanager ohnehin eine enorme Verlockung dar-
gestellt hätte.

Erst sagte ein Bahnsprecher, die betroffenen Kunden hätten ja allein wegen der Verspätung Anspruch auf eine teilweise Erstattung ihres Fahrpreises. Dann teilte die Stiftung
Warentest mit, dass die Bahn Fahrgästen, deren Züge sich
nach dem Ausfall der Klimaanlage in rollende Saunen ver-

wandelt hatten, 50 Prozent des Reisepreises erstatten wolle. Für Sparpreiskunden mit viel Pech belief sich die Entschädigung demnach im schlechtesten Fall auf 14,50 Euro. Wer aber hatte ärztlich behandelt werden müssen, den wollte die Bahn zusätzlich mit dem Anderthalbfachen des Reisepreises entschädigen – als Reisegutschein.

Wir müssen annehmen, dass der Erfinder dieses Entschädigungsmodells schon auf eine satte Prämie hoffen durfte, denn ein ausgeklügelteres hat es lange nicht gegeben: Man bietet Menschen, deren letzte Bahnerfahrung reichlich traumatischen Charakter hat, als Entschädigung eine weitere, potenziell sogar längere Reise mit demselben Verkehrsmittel an. Da kann man nur festhalten: »Ein Fest für Masochisten!«* Alle geschockten Nicht-Masochisten werden es sich dagegen gut überlegen, ob sie fahren sollen oder den Gutschein nicht doch lieber verfallen lassen. Offiziell hat die Bahn somit eine Entschädigung gewährt – und dabei dennoch fuchsmäßig gespart. Einfach genial!

Doch wider Erwarten konnte sich diese Variante in der nachfolgenden öffentlichen Diskussion mit dem Bahnvolk nicht durchsetzen. Schließlich gab sich die Bahn geschlagen und verkündete, dass man Hitzeopfer großzügig mit 500 Euro entschädigen wolle – allerdings nur diejenigen, die ein ärztliches Attest vorweisen könnten.

Ob man bei der Bahn selbstverständlich davon ausging, dass in diesem Attest zwecks Gültigkeit die korrekte Zug- und gegebenenfalls Kurswagennummer verzeichnet und

---

* Angeblich bis zu drei Prozent der Bevölkerung; unter langjährigen Bahnfahrern dürfte der Prozentsatz aber weit höher liegen.

vom Zugbegleiter per Zangenabdruck gegengestempelt sein musste, wurde nie geklärt. Ebenso wenig das Gerücht, das Akzeptieren jedes Attests schlage mit einer bahninternen Bearbeitungsgebühr in Höhe von 499,99 Euro zu Buche. Denn angesichts des losgebrochenen Sturms der Entrüstung verzichtete die Bahn dann doch auf die Attestpflicht. Ob Kollabierte und Fastgegrillte ersatzweise einem gemischten Untersuchungskomitee aus Zugbegleitern, Aufwärmköchen und Amtstierärzten ihre Wunden zeigen mussten, dazu liegen uns keine Erkenntnisse vor.

Am Ende startete der Bahnchef den Versuch, das Elend zu relativieren: Nur bei einem »sehr kleinen Teil der Züge« habe es die Probleme gegeben, und die Bahn habe die Probleme mit den Klimaanlagen mittlerweile »weitgehend« im Griff. Tatsächlich, so erzählte ein Bahnangestellter damals, hatte die bahninterne Krisenkommission eine verblüffend einfache Lösung gefunden. An heißen Tagen drehe das Zugpersonal die störungsgefährdeten Kühlanlagen in den Fernzügen älteren Datums einfach herunter, sodass sie weniger kühlten. Und wenn sie weniger kühlten, könnten sie sich auch nicht wegen Überlastung abschalten.

Eine bestechende Logik, sogar aus Sicht der Transportierten: Lieber im Unterhemd im heißen Zug schwitzen, als im höllensaunaheißen Zug dehydriert auf dem Boden röcheln. Und ja, es taten sich noch zwei mittel- bis langfristige Lösungsansätze auf. Erster Schritt: In den Klimageräten werden Verschleißteile ausgetauscht, Lüfter gereinigt und Bleche angebaut, die Kurzschlüsse verhindern sollen. Zweiter Schritt: Es werden neue Steuermodule für die Lüftermotoren eingebaut, die angeblich für bis zu 46 Grad

Außentemperatur gut sein sollen. Nur schade, dass es diese Teile eigentlich nicht gibt: Sie müssen einzeln angefertigt werden. Und das kann dauern. Die Werkstattkapazitäten bei der Bahn sind knapp und werden auch dadurch nicht üppiger, dass die Bundesregierung von der Bahn versehentlich 500 Millionen Euro Rendite im Jahr verlangt, statt es ihr zu geben. Irgendwann gibt es trotzdem neue Züge mit ordentlichen Anlagen. Handtücher kosten dann nach wie vor extra, aber in der ersten Klasse erledigt der Zugbegleiter den Aufguss gleich am Platz.

Fazit: Fahren Sie bei zu schönem, zu heißem Sommerwetter lieber nicht mit den älteren Fernzügen der Bahn. Haben Sie keine Ahnung von den Unterschieden zwischen ICE 1 und 2 und 3, fahren Sie sicherheitshalber nur bei schlechtem Wetter. Aber passen Sie bloß auf, dass es nicht zu schlecht ist (siehe folgendes Kapitel)!

Schockgefrostet
beim ersten Schneefall

Es gilt, mit einem Mythos aufzuräumen. Dem Mythos vom heimtückischen, unvorbereitet und fast mitten im Hochsommer einsetzenden Winter samt seinem Kumpan, dem ruchlosen Schnee. Interessierte Kreise verbreiten diesen Mythos so emphatisch, als sei Deutschland noch vor kurzem, also vor dem geplanten Bahnbörsengang, ein Land gewesen, wo Orangen und Zitronen blühten. Und das nun gegen alle wissenschaftlichen Erkenntnisse beschlossen habe, inmitten des allgemeinen Klimawandels einen Sonderweg zu gehen: hin zu kälteren, schneereicheren Wintern.*

Jeder Erwachsene, der als Kind bis zu dem Kinn in Schneewehen versank, weiß natürlich, dass das ausgemachter Quatsch ist. Schon bevor der Mann mit dem Vornamen Bahnchef die Deutsche Bahn schockgefror, ächzte unser Land unter heftigen schneereichen Wintern. Und dass die Bahn trotzdem anno dunnemals mit dem Slogan: »Alle reden vom Wetter. Wir nicht« werben konnte, lag einfach daran, dass sie gut vorbereitet war.

Aus Artikeln, die man in Zeitungsarchiven findet, geht

---

* Diese sollen übrigens ausgerechnet in die Zeit zwischen Dezember und März fallen, wo bislang bekanntermaßen die deutsche Olivenernte stattfand.

tatsächlich hervor, dass man sich in den früheren Zeiten der Deutschen Bundesbahn noch nicht – schwupps! – vom Winter überraschen ließ. Ganz im Gegenteil, es gab dort wohl Manager, die im Voraus dachten, und sogar entsprechend handelten: Bereits im »Frühherbst«, so war vor 30 Jahren zu lesen, träfen die Eisenbahner Vorbereitungen, um dem Schnee auf ihren Strecken zu trotzen. Zu einer Jahreszeit also, zu der die heutigen Bahnmanager sich noch nicht einmal richtig für die Vorfälle im Sommer entschuldigt haben. Sucht man nun nach dem, was damals konkret im »Frühherbst« geschah, stockt dem Bahnfahrer heutiger Tage der Atem:

🚆 Damals montierte man offenbar nicht nur routinemäßig neue Weichenheizungen, man überprüfte ebenso routinemäßig, ob die älteren Weichenheizungen funktionierten – und wenn nicht, tat man wohl etwas dagegen!

🚆 Damals gab es offenbar bahneigene Räumtrupps, die sich teils mit Flammenwerfern um Weichen kümmerten, die so mit Schnee verstopft waren, dass selbst eine Heizung nicht half!

🚆 Damals standen in besonders schneereichen Gegenden offenbar Lokomotiven mit fest installierten Schneeräumern auf Abruf bereit (!). Und bei heftigem Schneegestöber setzte die Bahn spezielle Schneepflüge ein, die mit Schneehöhen bis zu anderthalb Metern fertig wurden!

Ja, so war die gute alte Zeit, mittlerweile ist sie hinweggefegt von der Smart Economy unserer Tage. So, wie Kommunen und Städte heute den Winterdienst minimalisieren, auf Kosten vieler Arm- und Beinbrüche ihrer Bürger (die noch zu schüchtern sind, dagegen zu klagen), so minimalisierte die Bahn die einst beamtenhaft gründliche Vorbereitung auf die kalte Jahreszeit, um zu sparen. Hatte man früher bei der Bundesbahn noch den Ehrgeiz und die Aufgabe, mit jedem denkbaren Wetter fertigzuwerden, um nicht davon reden zu müssen, so ist das moderne Lean Management schon hochzufrieden, den »Normalbetrieb« zu schaukeln, und das möglichst billig. Was bleibt den Managern anderes übrig bei dem, was sie angerichtet haben.

»Die Bahn hat in den letzten 30 Jahren praktisch 250 000 Stellen gestrichen«, sagte der Verkehrswissenschaftler Heiner Monheim in einem Gespräch mit *tagesschau.de*. »Früher hat es entlang der Strecken sehr viel Personal gegeben – Personal, das sich um einen umgestürzten Baum oder einen abgebrochenen Ast oder zu hohen Schnee kümmern konnte. Das gibt es alles nicht mehr.«

Kein Wunder, dass – und das kommt noch dazu – Entscheidungen nicht mehr vor Ort getroffen werden, sondern in entfernten Leitstellen und zentralisierten Stellwerken. Die Bahn wird praktisch wie eine Modelleisenbahn ferngesteuert. Gespart wurde auch bei der Wartung, und das gewaltig: Einem vertraulichen Instandhaltungsbericht der DB Netz AG zufolge, dem Schieneninfrastrukturunternehmen der Deutschen Bahn, wurden allein im Jahr 2009 bei der Wartung von Weichen 3,8 Millionen Euro im Vergleich zum Jahr 2008 eingespart.

Man muss dazu sagen, dass die Weichen im wahrsten Wortsinn der Dreh- und Angelpunkt des 4000 Kilometer langen Schienennetzes sind. Ob nun 70 000 oder 90 000 oder noch mehr von den Dingern existieren, dazu lassen sich unterschiedliche Angaben finden. Aber eins steht fest: Frieren sie im Winter ein, kann man sie nicht mehr verstellen, um die Züge auf das richtige Gleis leiten zu können – der Eisenbahnverkehr liegt lahm. Dagegen helfen besagte Weichenheizungen, die gibt es allerdings nur bei einem Teil aller Weichen. Und weil in den vergangenen Jahren ja an der Wartung gespart wurde, waren viele der vorhandenen Heizungen in den vergangenen Wintern defekt. So bemängelte die Bundesarbeitsgemeinschaft Schienenpersonennahverkehr (BAG-SPNV), die sich um die regionalen Bahnverbindungen kümmert, im deutschen Bahnnetz sei im Januar 2011 nur jede zweite Weiche beheizt gewesen.

Wobei »beheizt« bei der Bahn wie so vieles ein relativer Begriff ist. Denn auch Heizenergie kostet Geld, das man ja sparen oder für den Börsengang vorbehalten kann, wenn er denn doch noch kommt. Man kann von dem Geld auch Bahnwerbespots drehen lassen – oder es Detektiven geben, die gucken, was missliebige Mitarbeiter machen. Jedenfalls vertrat jüngst ein Sprecher der Bahn die Ansicht, es reiche doch völlig, die Weichenheizungen so einzustellen, dass die Temperatur im Umfeld der Weichen kontinuierlich über dem Gefrierpunkt liege. Bei »besonders kalten« Temperaturen könne sich so an den Weichen natürlich trotzdem Schnee festsetzen und diese blockieren. Aber da stärker zu heizen einen »unverhältnismäßigen« Energieverbrauch bedeuten würde, müssten Störungen des Schienenverkehrs durch vereiste Weichen eben hingenommen werden.

Selbst wenn das nur die Meinung eines einzelnen Bahnsprechers wiedergeben sollte, woran wir nicht so recht glauben, eines einzelnen Bahnsprechers, mit dem mittlerweile kein bahnfahrendes Mitglied seiner Familie mehr redet – die Sache zeigt klar, welche Einstellung gegenüber der Kundschaft dahintersteht: gar keine. Oder wie soll man es, ohne unflätig zu werden, nennen, wenn das Management eines jahrzehntelang mit unser aller Steuergeldern aufgebauten und nach wie vor damit gepäppelten Unternehmens uns bei Scheißwetter vorsätzlich stundenlang auf frostigen Bahnhöfen herumstehen, besser: hustend und schniefend hin und her hüpfen lässt? Gar nicht zu denken an die Folgekosten durch die unzähligen dadurch zugezogenen Infektionen, all die Kranken, die Schwächung der Volkswirtschaft durch all die massenhaften Arbeitsausfälle, die Verlangsamung der Prozesse und die tausendfachen Fehlentscheidungen wegen der durch verstopfte Nasen eingeschränkten Hirnleistung. Vermutlich könnten Staat, produzierende Wirtschaft und Krankenkassen mit Hilfe von scharfen US-Anwälten die Bahn wegen Weichentrickserei auf Schadensersatz in horrender Höhe verklagen.

Zurück zum Start der großen Ausnahmezustands-, Heul- und Zähneklappersaison 2010/2011, in früheren Zeiten bekannt als Winter. Allein in Berlin waren beim ersten Schnee 50 Weichen festgefroren. 37 Wagen der zur Deutschen Bahn gehörenden S-Bahn mussten im Depot bleiben, 25 gerieten auf ein Abstellgleis, von dem sie offensichtlich nicht wieder herunterfanden. Denn: Personal, das mit Schaufel und Besen, mit dem Flammenwerfer oder wenigstens dem Sturmfeuerzeug heldenhaft zum Enteisen hätte ausrücken können, fehlte. 5900 Züge fielen seit jenem heutzutage dramatischen (in der Jugend der Autoren ganz normalen) Tag des ersten Schneefalls ganz aus.

Und es sind nicht nur die Weichen. Auch die wichtigsten Züge der Bahn, die hochmodernen, mit sensibler Elektronik vollgestopften schnellen ICEs, sind winters nur bedingt einsatzbereit. Sinkt das Quecksilber deutlich unter null Grad Celsius, können die Hightech-Wunder ihre eingeplanten 250 oder 300 Sachen nur noch auf betonierten Neubaustrecken fahren. Man muss allerdings ziemlich suchen, bis man eine betonierte Neubaustrecke findet. Die meisten Bahngleise liegen noch auf einem Schotterbett. Fatalerweise. Denn der Unterboden der ICEs ist hochempfindlich konstruiert. Eine Eierschale auf Schienen, die schon durch Schottersteine beschädigt werden kann, die während der Fahrt durch vom Zug fallende Eisklumpen emporgeschleudert werden. Eine Installation also, die ganz hervorragend die Verletzlichkeit modernster Ingenieurskunst gegenüber den rohen Gewalten der Natur verdeutlicht. Durch einen Zufall landete sie jedoch nicht im Museum für Technik und Verzweiflung. Sondern auf den Schienen.

Die Bahn arbeitet bereits daran, das Versehen rückgängig zu machen, konnte aber bisher nicht verhindern, dass die Hochgeschwindigkeitszüge im Winter sicherheitshalber langsam fahren und den Fahrplan durcheinanderbringen mussten. Wenigstens sah man, zumindest nach unserem Wissen, bislang davon ab, die Fahrgäste zu bitten, den hochempfindlichen Zug doch vorsichtshalber lieber gleich zu schieben.*

* Die Bahn könnte dann konsequenterweise von den Armen eine Erstattung von 50 Prozent des Fahrpreises verlangen, weil man durch

Ganz abwegig ist dieses Schiebe-Szenario nicht. Denn, es wird Sie nicht wundern, Schneefräsen in ausreichender Zahl gibt es im Zugverkehr zwar in Skandinavien, aber nicht hier, und die übrigen Geräte werden anscheinend von über Subunternehmer angeheuerten Hilfskräften bedient, bei denen man dankbar sein kann, wenn sie sich dabei nicht selbst verletzen. Und die seligen Zeiten, als in schnee-reichen deutschen Gebieten gar »Ersatzloks« bereitstanden, sind erst recht vorbei: Der Bahn fehlt es durch jahrelange verbissene Vorbereitung auf den Börsengang hinten und vorne an neuen Zügen. Denn die zu kaufen hätte ja Geld gekostet, das man nicht ausgeben wollte, um potenziellen Investoren höhere Gewinne zu versprechen. So gibt es selbst an »guten Tagen«* kaum noch eine Reserve. Müssen Züge bei Eis und Schnee häufiger gewartet werden, sind Engpässe unvermeidlich; der neue Bahnchef musste schon Züge im Ausland leihen.

ihre Schuld – sie hätten ja schneller schieben können – mehr als zwei Stunden später am Zielort eingetroffen sei.

* Gute Tage sind Tage, die *nicht* im Winter und *nicht* im Sommer liegen, siehe vorheriges Kapitel. Es sind aber auch keine Herbsttage, siehe übernächstes Kapitel. Mag also sein, dass es im Frühling ein paar gibt.

Die Stunde der Experten

Bevor wir hier mit den Winterproblemen fortfahren, wollen wir kurz in uns gehen und einige Überlegungen zu den Hintergründen des gesamten Bahnirrsinns anstellen. Eins sollten wir dabei nicht aus den Augen verlieren: Wenn wir (meist zu Recht) auf die Bahn schimpfen, übersehen wir leicht einen ganz wesentlichen Vorteil, den dieses mutierte Staatsunternehmen uns allen bietet: Beständigkeit. Ein Wert an sich in unsicheren Zeiten. Ja, die Bahn hat Schwächen. Viele Schwächen. Die Bahn ist eine Schwäche an sich. Aber: eine berechenbare. Im Winter frieren wie gesehen die Weichen zu, im Frühling und Herbst legen Regen und Sturm die Oberleitungen lahm, und im Sommer lahmt die Klimaanlage, und Züge müssen wegen unheimlicher »Böschungsbrände« umgeleitet werden. Man kann sicher sein, dass alle paar Wochen ein Minderjähriger unter empörenden Umständen aus dem Zug fliegt, Familien durch abfahrende Züge getrennt werden und in regelmäßigen Abständen der gesamte Zugverkehr zusammenbricht, sei es wegen Streiks, ausrangierter Radlager oder einfach »Störungen im Betriebsablauf«.

Ebenso absehbar ist die Reaktion des in Staatshand befindlichen Transportunternehmens. Man entschuldigt sich öffentlich und theatralisch, verspricht die Bestrafung der Schuldigen, und dann – spätestens dann – kommt die große

Ankündigung: Irgendetwas wird besser, größer, schneller, technischer, moderner, serviceorientierter. Die Inhalte solcher Ankündigungen sind dabei völlig nebensächlich. Wir vermuten sogar, dass diese »Alles-wird-sich-jetzt-ändern«-Nummern ebenso wie die Zugdurchsagen zu den Verspätungsgründen in einer Art Baukastensystem zusammengestellt werden. Das Schema dürfte dabei ungefähr so lauten:

1. »Wir bedauern, dass ...« (verharmlosende Beschreibung des Vorfalls)
1a. ... »zutiefst« ... oder ähnliche Steigerungen (nur bei verheerendem Medienecho)
1b. Je verheerender das Medienecho, desto höherrangig der nun zitierte DB-Verantwortliche
2. Unverständliche, unsinnige oder beschönigende Begründung für den Vorfall
3. Angebliche (unbrauchbare) Konsequenzen
4. Freude, dass ab (hier unrealistisches Datum einsetzen) irgendetwas wahnsinnig Tolles neu eingeführt wird.

Testen Sie ruhig einmal dieses Schema mit eigenen Erlebnissen.

Ebenfalls streng nach dem Entschuldigungsbaukasten verlief die Reaktion der Bahn auf den Zusammenbruch des Bahnverkehrs im Winter 2010/2011. Das war, nachdem die Bahn ausgerechnet am Sonntag vor Weihnachten kapitulierte und ausdrücklich vorm Bahnfahren warnen musste. Nach den Feiertagen wurde das Chaos dann in den Medien breitgetreten. Tausende waren verspätet oder gar nicht ans Ziel gelangt. Die Achse Hannover-Berlin war immer noch nicht befahrbar.

»Eisbildung auf den Oberleitungen«* sei der Grund, erklärten zunächst anonyme »Bahnsprecher«. Man sei von dem außergewöhnlichen Ereignis völlig überrascht worden und bitte um Verständnis.

Als das Thema trotz dieser an sich doch völlig ausreichenden Erklärungen von den Medien unverschämterweise weiter ausgewalzt wurde und die *BILD*-Zeitung gar »Winterchaos« titelte, griff die Entschuldigungskaskade, Variante 1b, und planmäßig meldete sich der zuständige Minister Peter Ramsauer zu Wort. Die Bahn tue bereits viel, um die Zuverlässigkeit der Züge zu erhöhen. Mit mehr als 330 Millionen Euro werde die Modernisierung der Intercity- und ICE-2-Flotte vorangebracht. Außerdem seien die Kapazitäten der Werkstätten und Enteisungsanlagen aufgestockt worden, und es werde in Personal investiert. Und Ramsauers Staatssekretär sekundierte in Interviews, der Schneefall habe den der Vorjahre »übertroffen«. Bald darauf, die Berliner S-Bahn fuhr nur noch nach Notfahrplan, weil die meisten Fahrzeuge wegen mangelnder Wartung und Sicherheitsproblemen aus dem Verkehr gezogen worden waren, kündigte dann Bahnchef Rüdiger Grube »bessere Informationen für Reisende« an. Das Reiseinformationssystem müsse dringend weiterentwickelt werden, schon im nächsten Winter »wollen wir besser werden, beispielsweise sollen Kunden früher und schneller über Störungen informiert werden«. Dazu habe man eine »hochrangige Arbeitsgruppe« eingerichtet, der es an Geld und Personal nicht mangeln solle.

---

* Ganz rein zufällig, ehrlich, ist Eisregen übrigens das einzige Winterproblem, gegen das sich die Bahn tatsächlich nur sehr schlecht vorbereiten kann. Alle übrigen Erscheinungen der kalten Jahreszeit wären aber mit rechtzeitiger Vorsorge zu meistern, bloß würde das Geld kosten …

Schließlich kündigte die Bahn an, dass es bald auch neue Züge geben werde, und zwar 300 Stück unter dem Projektnamen ICx, welche die IC- und ältere ICE-Züge ersetzen sollen. Wegen der »langen Vorlaufphase und Produktionszeit« kämen diese aber nicht vor 2015.* Wesentlich früher dagegen kam der Gewinnsprung bei der Bahn. Kurze Zeit nach dem Winterchaos wurde bekannt, dass der Gewinn der Bahn um 27,5 Prozent auf mehr als eine Milliarde Euro gestiegen war. »Eine noch kundenfreundlichere Bahn ist in den nächsten Jahren unser erklärtes Ziel«, erläuterte der Bahnchef dieses Phänomen im Rahmen einer Pressekonferenz.

Wir wollen an dieser Stelle einmal einen höchst satirischen und vollkommen realitätsfernen – weil alles erstunken und erlogen ist – Blick in eine Sitzung der besagten Arbeitsgruppe werfen, damit Sie, liebe Leser, bereits jetzt eine Ahnung bekommen, welche technischen Innovationen uns bevorstehen. Sollten Sie gerade in einem Zug festsitzen, der zu heiß, zu kalt, aber auf jeden Fall zu spät ist, dann klammern Sie sich an dieses Gesprächsprotokoll. Denn wie Sie sehen werden: Diese Fachleute haben alles im Griff, wir sind in wirklich guten Händen:

---

* Zwischendurch geisterte noch die Meldung durch die Welt, die Bahn werde bald »ultramoderne Doppelstock-IC-Züge« einsetzen. Diese hätten lediglich die Einschränkung, dass sie nur 160 Stundenkilometer fahren könnten und leider, leider keinen Speisewagen besäßen. Bösartigen Menschen, und wirklich nur solchen, könnte allerdings der Gedanke kommen, dass diese höchst zuschlagpflichtigen IC-Züge dann verblüffende Ähnlichkeit mit den Doppelstock-Regionalzügen hätten. Würde das bedeuten, dass die Bahn einfach Regionalzüge weiß anstreicht und dann als teurere Fernzüge …? Nein, das wäre zu absurd!

Gesprächsprotokoll
der »hochrangigen Arbeitsgruppe«

»Das hat nichts mit Freundlichkeit zu tun«
(Aus Gründen des Persönlichkeitsschutzes
sind alle Personen und Funktionen frei erfunden)

Zeit: Ein Dienstagmorgen im Headquarter der Deutschen Bahn

Teilnehmer:
STAATSSEKRETÄR FERDINAND MULLENBACH, Vertreter des Aufsichtsrats
DIPL.-ING. DR. FRANZ FUCHS, Vorstandsbereich Bahntechnik
ROLAND MEYER-GODENDORF, Berater
GOTTLIEB MÜLLER, Leiter Stabsstelle Controlling
ALWIN ZORKE, Kommunikationsbeauftragter im Range eines Generaldirektors

Die Herren setzen sich an einen üppig mit heißen und kalten Getränken sowie Früchten und Konferenzkeksen der Kategorie »Alpha plus« (Einsatz nur bei besonderen Anlässen gestattet) eingedeckten Beratungstisch.

STAATSSEKRETÄR MULLENBACH: Meine Herren, Sie haben die Einlassungen des Ministers gehört. Es geht darum, die Effizienz und die Stabilität …

DIPL.-ING. DR. FUCHS: Die Arbeitsgruppe wurde auf Initiative des Bahnchefs eingerichtet.

STAATSSEKRETÄR MULLENBACH: Selbstverständlich auch des Bahnchefs.

DIPL.-ING. DR. FUCHS. Nein, Herr Staatssekretär, nicht »auch«. Es war ausdrücklich eine Idee der Bahn.

STAATSSEKRETÄR MULLENBACH: Vielleicht können wir die Frage einstweilen zurückstellen, Herr Dr. Fuchs, und Sie berichten den übrigen Teilnehmern, welche technischen Innovationen Ihr Bereich …

DIPL.-ING. DR. FUCHS: *(betont langsam sprechend)* Diplom-Ingenieur Dr. Fuchs.

STAATSSEKRETÄR MULLENBACH: Sage ich doch.

DIPL.-ING. DR. FUCHS: Nein, Sie haben meinen zweiten akademischen Grad weggelassen. Nicht zum ersten Mal übrigens!

STAATSSEKRETÄR MULLENBACH: *(stöhnt leise und greift zu einem Florentiner aus der »Alpha-plus«-Auswahl)* Gut, vielleicht hätten Sie dennoch die Freundlichkeit …

DIPL.-ING. DR. FUCHS: *(sehr laut)* Nein, nicht gut! Und unser Innovationsmanagement hat auch nichts mit Freundlichkeit zu tun.

KOMMUNIKATIONSBEAUFTRAGTER ZORKE: Das, wenn ich mich einmal einmischen darf, ist doch genau unser Problem. Wir sind einfach zu technisch, zu kalt. Ich glaube gar nicht, dass die Menschen da draußen ständig neue technische Spielereien wollen, sie möchten als Kunden ernst genommen werden.

DIPL.-ING. DR. FUCHS: *(schnaubt)*

STAATSSEKRETÄR MULLENBACH: Na ja, wenn der Zug steht und die Innenraumtemperatur unter null sinkt, hilft auch Verstehen und Freundlichkeit nicht mehr so viel.

DIPL.-ING. DR. FUCHS: *(schaut absichtlich an Zorke vorbei)* Darf ich jetzt endlich fortfahren? Wir haben neue Züge bestellt. 300 neue Züge! Züge der allerneuesten Generation. Züge, denen es egal ist, ob draußen Winter, Sommer oder sonst was herrscht … *(bemerkt die missmutigen Gesichter der übrigen Teilnehmer)* Aber an den Spezifikationen kann noch gefeilt werden. Nicht, dass wir von der Bahntechnik das nicht längst tun, immer getan haben, aber diese Arbeitsgruppe soll ja auch ihren Senf …, Verzeihung, die Prioritäten des Projekts mitbestimmen.

BERATER MEYER-GODENDORF: Wann ist denn mit dem Einsatz des neuen Materials zu rechnen? *Time is money! (Er sieht sich nach einem Flaschenöffner um)*

DIPL.-ING. DR. FUCHS: Nicht vor übernächstem Jahr.

STAATSSEKRETÄR MULLENBACH: Das ist entsetzlich! Die Presse wird uns schlachten.

KOMMUNIKATIONSBEAUFTRAGTER ZORKE: Dem kann ich nur beipflichten.

DIPL.-ING. DR. FUCHS: Tja, Herr Zorke, dann bauen Sie doch selbst Züge, wenn Sie meinen …

KOMMUNIKATIONSBEAUFTRAGTER ZORKE: *(entrüstet)* Das ist doch unverschämt, Sie …

STAATSSEKRETÄR MULLENBACH: Meine Herren! So kommen wir nicht weiter. Herr Fuchs …

DIPL.-ING. DR. FUCHS: *(schnaubt laut auf)*

STAATSSEKRETÄR MULLENBACH: *(hebt abwehrend die Hände)* Herr Diplom-Ingenieur Dr. Fuchs, was können denn die neuen Züge?

DIPL.-ING. DR. FUCHS: Sie fahren auf Gleisen, wie immer.

STAATSSEKRETÄR MULLENBACH: Ach … Ich meine, welche Vorteile, welchen Service bieten Sie den Kunden? Dann könnte man vielleicht schon mal in einer breit angelegten Kommunikationskampagne … *(schaut hilfesuchend zu Zorke, der allerdings mit dem Befüllen eines Teeglases beschäftigt ist)*

DIPL.-ING. DR. FUCHS: Welche Vorteile? Welche Vorteile? … Diese Züge sind Wunderwerke der Technik. Hochleistungsmotoren, Geschwindigkeiten bis zu 350 Stundenkilometer, elektronische Gewichtsanzeigen auf allen Achsen, Streckenradar bis 30 Kilometer voraus, stromsparende Form, ultraleichte, weltraumgetestete Außenwände, vollelektronisches Führerinformationssystem mit Kommunikationsschnittstelle zu allen Bahnhöfen, Navigationssystem …

BERATER MEYER-GODENDORF: *(gießt sich einen Bio-Papayasaft ein)* Navigationssystem?

DIPL.-ING. DR. FUCHS: Was glauben Sie, wie oft sich diese Lokführer verfahren …

KOMMUNIKATIONSBEAUFTRAGTER ZORKE: Also, das sind ja alles schöne Sachen…

DIPL.-ING. DR. FUCHS: *(verächtlich)* Hah! … Was wissen Sie schon!

KOMMUNIKATIONSBEAUFTRAGTER ZORKE: Ja, aber damit überzeugen wir doch keinen Bahnreisenden. Wir müssen Dinge ankündigen, die einen unmittelbaren Nutzen für den Gast haben. Speisewagen zum Beispiel!

CONTROLLER MÜLLER: Wir haben bereits Speisewagen, Herr Zorke. Viel zu viele, wenn ich das mal bemerken darf. Unfassbar teuer im Betrieb.

KOMMUNIKATIONSBEAUFTRAGTER ZORKE: Ja, ja, war nur ein Beispiel. Aber nach solchen Dingen müssen wir suchen.

BERATER MEYER-GODENDORF: Korrekt, Dinge aus dem Relevant Set des Kunden. *(greift zu einem schokoladenüberzogenen Schweinsohr aus Blätterteig)*

STAATSSEKRETÄR MULLENBACH: Also, ich habe mir schon oft einen Spiegel an meinem Platz gewünscht, damit ich vor einem Termin noch mal nachsehen kann, ob die Frisur sitzt.

CONTROLLER MÜLLER: Es gibt doch Spiegel auf den Toiletten. Ein nicht zu überschauender Kostenpunkt, weil die ja unbedingt aus bruchsicherem Material hergestellt werden müssen.

STAATSSEKRETÄR MULLENBACH: Bis zur Toilette komme ich morgens im Zug gar nicht durch. Außerdem sind die immer wegen Unbenutzbarkeit gesperrt.

BERATER MEYER-GODENDORF: *(nimmt von den Früchten)* Sie fahren Bahn?

STAATSSEKRETÄR MULLENBACH: *(schaut ertappt)* Na ja, wir Politiker dürfen doch kostenlos …

CONTROLLER MÜLLER: … immer draufsatteln. Wo sind denn mal Einsparideen? Ich würde die Sitze herausnehmen, dann steigt die Transportkapazität.

DIPL.-ING. DR. FUCHS: Interessanter Ansatz, die Achslast würde deutlich reduziert, und wir könnten noch schneller fahren. *(macht sich eine Notiz)*

KOMMUNIKATIONSBEAUFTRAGTER ZORKE: Meine Herren, wir können doch nicht vor die Öffentlichkeit treten und sagen, die Bahn hat begriffen, die Verspätungen im Winter werden enden, denn unsere neuen Züge fahren schneller, finden immer den Weg, weil sie jetzt ein Navigationssystem haben, und außerdem gibt es nur noch Stehplätze. Das geht nicht auf!

DIPL.-ING. DR. FUCHS: *(guckt genervt auf die Uhr)* Ich muss gleich los. Vielleicht machen wir ja wirklich einfach die Sache mit den Spiegeln an den Sitzen. *(nickt fast freundlich zu Mullenbach, dann zu Müller)* Kostet auch nicht so viel.

STAATSSEKRETÄR MULLENBACH: Gut, dann haben wir erst einmal ein Zwischenergebnis. Bleibt leider noch das Problem, dass der Bahnchef … *(wendet sich an Dipl.-Ing. Dr. Fuchs)* … Ihr Bahnchef, öffentlich verkündet hat, das Reiseinformationssystem werde verbessert.

Die Runde schaut betreten auf den Tisch.

KOMMUNIKATIONSBEAUFTRAGTER ZORKE: »Liebe Bahnreisende, leider werden wir auch diesen Winter wieder schauerliche Ausfälle und Verspätungen produzieren, aber wenigstens halten wir Sie minutengenau über die Probleme auf dem Laufenden …« Das, das ist irgendwie noch nicht rund.

DIPL.-ING. DR. FUCHS: Ich muss los. *(erhebt sich)*

BERATER MEYER-GODENDORF: *(wischt sich den Mund ab)* Wem darf ich meine Rechnung schicken?

CONTROLLER MÜLLER: Die können Sie mir gleich mitgeben.

STAATSSEKRETÄR MULLENBACH: Herr Zorke, an der öffentlichen Darstellung, da feilen wir noch ein bisschen dran. Meine Herren, wir sind doch ein gutes Stück vorangekommen. Nächste Woche um dieselbe Zeit, vielleicht kann die Küche dann einen kleinen Imbiss vorbereiten?

Zugegeben. Die Sitzung dieser Arbeitsgruppe ist im Gegensatz zu den Schilderungen unserer Leser frei erfunden. Aber halten Sie es für gänzlich ausgeschlossen, dass es solche oder ähnliche Sitzungen theoretisch gegeben haben könnte? Oder noch geben wird?

Übrigens: Nach bahninternen Studien sollen nicht nur in diesem, sondern auch in den kommenden Jahren weitere Winter über Deutschland hereinbrechen. Daher hat der Konzern seinem Kommunikationsbaukasten noch einen neuen Punkt hinzugefügt:

5. Warnung vor kommenden Katastrophen

Und so ist es auch: Hatte man sich bisher über das weiße Zeug auf den Schienen fast verwundert gezeigt, warnte die Bahn im »Frühherbst« 2011 nun selbst vor dem nächsten Winterchaos mit Verspätungen und Zugausfällen: Da die bestellten neuen Fern- und Regionalzüge ja später geliefert werden als vorgesehen, werde der Winterfahrplan erneut »eine extreme Herausforderung«, sagte der Bahnchef in einer Reihe von Interviews.

Wir kennen das, alter Psychotrick aus der Politik: Lässt man eine unangenehme Nachricht lange genug vorher durchsickern, haben alle Zeit, sich daran zu gewöhnen und sind heilfroh, wenn es am Ende doch nicht ganz so schlimm kommt.

Warum die Bahn
nicht mit der Kälte kam

Rein finanziell lohnt sich also der strenge Sparkurs bei der Deutschen Bahn. Von dem immens gesteigerten Gewinn 2010 gingen 500 Millionen Euro als Dividende an die Bundesregierung. Eine jährliche Überweisung, die allein schon deshalb als unverzeihlich kurzsichtig umstritten ist, weil nach Angaben des Fahrgastverbands PRO BAHN dem Konzern jedes Jahr allein das Doppelte, also eine Milliarde Euro, für die Wartung fehlen. Dass die Politiker auf der Dividende bestehen, statt im Gegenteil die so anfällig gewordene Bahn noch zu unterstützen und/oder zukunftsweisende politische Vorgaben zu machen, zeigt deutlich, dass Pannenserien auch in Zukunft im Fahrpreis inbegriffen sein werden. Denn warum soll es bei diesem Transportunternehmen anders sein als überall sonst in unserem Wirtschaftssystem oder bei Griechenland und anderen Konsorten: Gewinne werden privatisiert. Verluste, hervorgerufen durch »Ausnahmesituationen« wie einen Wintereinbruch, gehen zulasten der Gesellschaft.

Und wirkliche Ausnahmesituationen sind dann so außerordentlich, dass sie so gut wie nicht mehr zu behandeln sind und sich zu einem filmreifen Katastrophenszenario auswirken können.

Wie der Umstand, dass am 16. Dezember 2010, einem Tag mit zugegeben starkem Schneefall in Teilen Deutschlands, ein Regionalzug zwischen Hamburg und Lübeck ohne Strom stehen blieb. Mit an Bord war Wiebke Kahns aus Lübeck, mittlerweile wohnhaft im baden-württembergischen Leonberg. Die nicht daran dachte, in Katastrophenstimmung zu verfallen. Obwohl das Ereignis in Thrillermanier seine Schatten voraus warf:

Es waren Schnee, Eis und spiegelglatte Straßen für jenen Donnerstag in Norddeutschland angekündigt. Ich wollte dennoch fahren, denn ich hatte so große Lust, vor Weihnachten noch einmal meine Heimat zu sehen. Zunächst lief alles reibungslos. Ich kam rechtzeitig am Stuttgarter Bahnhof an, der ICE lief bereits um 9.10 Uhr ein, die Abfahrt um 9.27 Uhr war pünktlich. Bis zur nächsten Station, Mannheim, sah ich noch auf grüne Wiesen. Über den Lautsprecher erfuhren wir, dass unser Zug heute nicht in Frankfurt-Flughafen halten würde. Ein Grund dafür wurde nicht angegeben. In Mannheim angekommen, hieß es dann, wir würden heute über Worms fahren und hätten deshalb bei der Ankunft in Frankfurt/Main etwa 20 Minuten Verspätung. Das war mir eigentlich egal: Ich saß im Zug, er rollte, es war warm, und als erfahrene Bahnfahrerin kannte ich mich mit Verspätungen aus. Also genoss ich die Landschaft. Dann blieb der Zug stehen. Man teilte uns mit, dass vor uns ein ICE liegen geblieben sei und wir den Gegenzug abwarten müssten. Mehrere Züge fuhren an uns vorbei. Über den Lautsprecher erfuhren wir, es werde geklärt, ob wir die Fahrgäste aus dem havarierten ICE übernehmen würden. Kurze Zeit später dann die Ansage, dass der andere Zug in Biblis halten und wir die

Fahrgäste aufnehmen würden. Um 11.05 Uhr erreichten
wir die Gestrandeten.

Um 11.20 Uhr ging unsere Reise weiter. Die Verspä-
tung variierte in der Folge zwischen 46, 60 und 56 Mi-
nuten. Irgendwann fragten sich der freundliche Herr mir
gegenüber – der aus dem liegen gebliebenen ICE zu uns
gestoßen war – und ich, ob eigentlich die Heizung nicht
funktioniere. Denn es kamen immer längere, kalte Luft-
schübe. Also wickelten wir uns beide in unsere Mäntel
ein. Hinter Göttingen sah man dann, wie der Schnee auf
den Feldern dahinfegte. Aber erst nach Hannover war
wirklich alles nur noch weiß. Die Ankunft unseres ICE in
Hamburg wird zwischen 15.15 und 15.30 Uhr gewesen
sein, sodass ich den vorgesehenen Anschlusszug nach
Lübeck verpasste.

Bis dahin war die Reise von Frau Kahns lediglich jener win-
terliche Bahnalltag, wie ihn viele Bahnfahrer aus Leidenschaft schon erlebten, zu Lasten wichtiger Verabredungen,
Abflügen oder sozialem Klimbim wie Familienfeiern. (Ja,
auch auf den Autobahnen war Stau. Dort funktionierten
jedoch zumeist die Heizungen.) Aber Wiebke Kahns blieb
an diesem Tag nicht in Hamburg. Leider:

Ich habe also den nächsten Zug um 16.06 Uhr genommen
– und saß damit mit vielen anderen, darunter zahlreiche
Pendler, in dem Zug, der bundesweit Schlagzeilen ma-
chen sollte. Dabei fuhr er erstaunlicherweise pünktlich
los. Zwischen Bargteheide und Bad Oldesloe aber blie-
ben wir gegen 16.30 Uhr plötzlich stehen. Dann kam eine

Durchsage, dass es keinen Strom mehr in der Oberleitung gebe. Wir standen weiter. Die beiden Pendlerinnen mir gegenüber waren zunehmend genervt: »Das ist immer dasselbe.«

Wiebke Kahns, Redakteurin von Beruf, begann sich Notizen zu machen:

Wir stehen. Es wird kalt. Danach die Uhrzeit: 16.45 Uhr. Da sie eine dicke Jacke trug, musste sie noch nicht zum Mantel greifen. *Es ging gegen 17 Uhr, als plötzlich ein ICE auf der Gegenfahrbahn vorbeisauste. »In der Gegenrichtung funktioniert der Strom wieder. Wir hoffen, dass wir auch bald drankommen«, die Stimme des Zugführers aus dem Lautsprecher klang genervt und etwas resigniert. Etwas später teilte er uns mit, dass uns wegen des Stromausfalls eine Diesellok abholen und nach Bargteheide zurückbringen werde. Die nächste Ansage nach einiger Zeit: »Der Zug hinter uns steht in Kupfermühle mit einem Lokschaden. Eine Lok kommt aus Hamburg, sie ist schon losgefahren.«*

Die darauffolgende Ansage ging mir allerdings recht nahe: »Wir stehen auf einem toten Gleis.« Ich musste mir rational erklären, dass das in unserer Situation ja eher etwas Positives ist – es hätte ja sonst ein anderer Zug auf uns drauffahren können.

Wir können nur sagen: natürlich. Obwohl die Tatsache, dass Frau Kahns Zug irgendwie auf dieses Gleis geraten war, es theoretisch nicht völlig ausschloss, dass irgendwann fatalerweise noch ein zweiter Zug diesen Weg gehen konnte. Irgendwann danach waren die Zugbatterien erschöpft. Wiebke Kahns notierte tapfer:

Notlicht. Es wurde zwar kälter im Abteil, aber noch musste ich nicht zum Mantel greifen – das hob ich mir auf.

Die Mitarbeiter der Bahn konnten zur Entspannung und Beruhigung der Fahrgäste wenig beitragen:

Das Zugpersonal flitzte zwar wenige Male durch das Abteil. Fragen zu stellen war jedoch unmöglich, dazu waren sie zu schnell. Und ich hatte schon damals den Eindruck, dass sie unsere Fragen auch nicht hätten beantworten können, weil sie selbst keine Informationen bekamen. Die seelische Anspannung während der Zeit des Wartens, in der wir im Unklaren gelassen wurden, war erheblich. Irgendwann betätigte eine Frau den Knopf an einer Gegensprechanlage in der Nähe der Tür, wohl in der Hoffnung, mehr zu erfahren. Aus der Anlage hieß es nur: »Bitte warten.« Eine ganze Weile tat die Frau das auch. Dann gab sie auf und verschwand. Eine halbe Stunde später meldete sich plötzlich eine Stimme aus der Anlage. Ein Mitreisender wollte den unbekannten Sprecher, der offenbar aus einer Art Leitstelle der Regionalbahn sprach, wohl beruhigen und antwortete: »Wir sind gut drauf.« Daraufhin wurde er von der Stimme scharf zurechtgewiesen, dass man die Anlage nicht zu benutzen habe. Der Mann entschuldigte sich und machte klar, dass er die Anlage auch nicht bedient habe. Danach wieder Funkstille.

Später berichteten Medien, in dem liegen gebliebenen Zug sei teilweise Panik ausgebrochen, unterkühlte Menschen hätten versucht, die Scheiben einzuschlagen, auch von Ohnmächtigen war die Rede. Wiebke Kahns dagegen hatte das Glück, die richtigen Mitreisenden um sich zu haben:

Glücklicherweise befand sich in unserem Abteil eine Dame, die ursprünglich aus Aachen stammte und mit ihrem rheinischen Humor von Beginn an für gute Stimmung in unserem Abschnitt des Waggons sorgte. Zudem hatte sie mit ihrem Mann die Wohnung ihrer Mutter ausgeräumt und dadurch diverse Lebensmittel in ihrem Koffer, die sich als lebenserhaltend für mehrere Fahrgäste erweisen sollten. Der Humor und die Spontaneität dieses Ehepaars sorgten dafür, dass wir alle viel miteinander gelacht haben – rückblickend denke ich, die gute Stimmung war wie ein Ventil. Und als wir dann später, als die Diesellok andocken sollte, weiter nach vorne gingen, um uns das anzusehen, trafen wir auf Menschen, die dort ziemlich still und in sich versunken herumsaßen und offensichtlich hungrig waren. Die sind richtig aufgelebt, als der Mann des Ehepaars ihnen Schinkenröllchen mit Senf machte. Schließlich erfuhren wir über Lautsprecher, dass unser Zug an einem Bahnübergang hielte und dass uns dort Busse abholen würden. Da stellte allerdings manch einer im Abteil die Frage: »Ja, an welchem Übergang stehen wir denn?«

Der Zugführer meldete sich dann wieder mit der Nachricht, dass er sich bei der Bahn beschwert habe, damit endlich etwas passiere. Er war verärgert. Es war deut-

lich zu merken, dass er genug davon hatte, an der Nase
herumgeführt zu werden. Ihm war ja eine Diesellok aus
Hamburg versprochen worden, die aber nicht kam.

Später sagte ein Sprecher der Bahn, man habe diese Diesellok tatsächlich geschickt, aber sie habe – wiederum wegen einer Weichenstörung – nicht zu dem liegen gebliebenen Zug vordringen können.

Wegen des Rückstaus wurden insgesamt 38 Züge von dem Stromausfall an der Strecke Hamburg–Lübeck in Mitleidenschaft gezogen. Tausende, meist Pendler, mussten stundenlang an den Bahnhöfen in Ahrensburg und Bargteheide in der Kälte warten. Und, das fanden Mitarbeiter des Norddeutschen Rundfunks heraus, der »Notfallmanager« der Bahn kam, die Straßen waren ja vereist, erst nach zweieinhalb Stunden. Dass man erst einen Notfallmanager von weither anreisen lassen musste, statt jemanden vor Ort oder in der Nähe zu haben, der in der Lage ist, Loks loszuschicken oder wenigstens Menschen zu befreien, damit sie sich aufwärmen konnten, zeigt einmal mehr, in welch beklagenswertem Zustand das personell und anscheinend auch kompetenzmäßig ausgedünnte Unternehmen Bahn heutzutage ist. Nicht völlig auszuschließen, dass der Notfallmanager in Wahrheit vor allem deshalb viel zu spät auftauchte, weil es sich um denselben Mann handelte, der vorher erst am Telefon die Presse beruhigte, dann die Gleise mit Flatterband absperrte und anschließend versuchte, mit der eigenhändig enteisten Lok zu den Eingeschlossenen vorzudringen. Aber scheiterte, weil er vorher vergessen hatte zu tanken.

Wie es scheint, war es aber der mutige (und stinksaure)

Zugführer in Wiebke Kahns' Regionalexpress, der vielen Fahrgästen noch längere Kühlzeiten ersparte:

Er erklärte uns, dass er nun Polizei und Krankenwagen gerufen habe. Die Türen öffnete er – allerdings untersagte er uns auszusteigen, da Hochspannungsgefahr bestehe. Um 19.45 Uhr trafen Polizei und Rettungssanitäter ein. Man hatte jetzt die Möglichkeit, auszusteigen und sich abholen zu lassen – oder man konnte sich in die Turnhalle nach Tremsbüttel bringen lassen, wo Decken und heißer Tee warteten.

Rund 150 Reisende ließen sich aus dem Zug holen. Wiebke Kahns und ihre netten Mitreisenden waren sich einig, dass sie bleiben wollten, bis der Zug nach Lübeck weiterfuhr:

Ich weiß nicht mehr, wann die herbeigesehnte Diesellok endlich bei uns andockte und uns zurück nach Bargteheide schleppte. In Kupfermühle nahmen wir Fahrgäste aus dem anderen Zug auf. Um 22.15 Uhr kamen wir tatsächlich in meiner Heimatstadt an.

Selbst die Bahn musste zugeben, dass das doch ein wenig zu spät war. Wiebke Kahns erhielt 250 Euro Entschädigung. Andererseits: Sich bei lebendigem Leibe einfrieren zu lassen kostet anderswo umgekehrt sogar sehr viel Geld.

Fazit: Wollen/Müssen Sie im kommenden Winter verreisen, erkundigen Sie sich rechtzeitig nach Bahnalternativen. Bleibt Ihnen bei dem üblichen unvorhersehbaren Wintereinbruch kurz vor Weihnachten angeblich keine andere Wahl als doch in die Bahn zu steigen, stecken Sie wenigstens einen kleinen geschmückten Baum, alkoholische Heißgetränke, Taschenofen und Geschenke ein, auch wenn das wieder zu den bekannten Gepäckproblemen führt. Die Mitfahrer, mit denen Sie kurz vor Wolfsburg* Heiligabend im Zug feiern, werden Ihnen dankbar sein.

---

* Ausgerechnet Wolfsburg, werden Sie jetzt denken. Das ist doch die Stadt, wo die Züge immer versehentlich vorbeifahren. Richtig! Das wird auch an kommenden Heiligabenden wieder der Fall sein, vorher wird der Zug jedoch jeweils 23 Stunden lang *vor* Wolfsburg halten.

Stürmische Erlebnisse

Wir lieben dich für Deine Launen
Für stilles Schweigen, lautes Raunen
November, bleib' so wie Du bist
Und sei zum Dank dafür geküsst.

Fritz Eckenga

Der Herbst wird zu Unrecht unterschätzt. Viele sehen ihn nur als unangenehme Übergangsphase zwischen Sommer und Winter an. Auch bei der Bahn hat sich offenbar die Haltung durchgesetzt, der Herbst verkörpere jenen verkehrslogistischen Problembereich, der nicht durch sommerliche Temperaturen und damit unvermeidliche Ausfälle von Klimaanlagen, nicht durch Böschungsbrände oder überhitzte Dieselloks abgedeckt wird, ebenso wenig wie den stets folgenden Winter, der sich durch zugeschneite Gleise, eingefrorene Weichen und ausgefallene Heizungen als schwierig erweist. Der bei der Bahn für die »Herbstlage« zuständige Krisenstab ist dementsprechend wohl deutlich kleiner und schlechter bezahlt als der für die »Krisenzeiten« (Sommer, Winter). Selbst wir Bahnautoren widmen dem Herbst nur ein kleines Kapitel, doch auch diese Jahreszeit hat es in sich, wie eine Zuschrift aus Köln beweist. Die Bahnreisende Vera Möller hat uns Folgendes vermeldet:

Ich wollte an einem Sonntag von München nach Köln, es war ein schwerer Sturm angesagt, und im Münchner Hauptbahnhof gab es bereits eine ganze Anzeigetafel mit Verzögerungen und Ausfällen. Ich wollte schon umkehren und in der Stadt bleiben, als ich entdeckte, dass ausgerechnet mein Zug so ziemlich als einziger fahren sollte, und das auch noch pünktlich. Glücklich stieg ich ein, fünf Minuten später rollte der Zug an. Ich konnte den Bahnhof noch kleiner werden sehen, als die Durchsage kam, dass so ziemlich alle Strecken im Rhein-Main-Raum wegen Sturm gesperrt seien. Die Ansage endete mit: »Dieser Zug wird seinen Endbahnhof heute nicht erreichen. Wir bitten um Ihr Verständnis.« Warum hatten die das nicht eine Minute früher gewusst und mich in München gelassen?, dachte ich wütend. Unterwegs war vom Sturm aber nicht viel zu merken. Außer den Durchsagen im Zehnminutentakt, die nun Sperrungen im gesamten Bundesgebiet ankündigten, hätte man fast meinen können, es sei eine normale Fahrt.

Eine Fahrt, die sich allerdings immer mehr verlangsamte. Dafür blieb wenigstens die Frequenz der Durchsagen gleich, in denen wortreich immer neue Sturm- und Sperrungsszenarien ausgeführt wurden. Beklommen überlegte ich, in Aschaffenburg auszusteigen und mich zu Freunden in Würzburg durchzuschlagen. Ich verwarf den Gedanken aber wieder, nachdem die Kassandra des Zuges schwere Baumschäden im Spessart andeutete. Also hieß es durchhalten, wobei wenigstens die Stimmung in meinem Abteil ganz gut war. Und außerdem gab es zwischendurch Durchsagen mit Fußballergebnissen. Also, Fußball spielen konnte man trotz Orkan noch …

Zuversicht breitete sich schließlich aus, als der Zugchef mit fester Stimme verkündete: »Wir kommen bis Frankfurt/Main!« Nur zehn Minuten später schränkte er ein: »Meine Damen und Herren, leider sind alle Strecken um Frankfurt gesperrt.« Zehn Minuten später widerrief er erneut: »Alles frei.« Und so weiter. Als sich bei uns langsam Gleichgültigkeit breitmachte, hielt er den Spannungsbogen geschickt oben: »Es ist noch nicht ganz offiziell, aber da wird eine Nebenstrecke frei«, orakelte er über die Bordanlage. Und beschwor zehn Minuten später: »Wir kommen durch!«

Im Schneckentempo erreichten wir Frankfurt/Main. Dann standen wir im sicheren Bahnhof. Vorher wurde uns noch ein Personalwechsel angekündigt. Wir warteten eine halbe Stunde, in der wir die schon vertrauten zehnminütigen Durchsagen immer mehr vermissten. Plötzlich erklang eine bis dahin unbekannte Stimme: »Meine Damen und Herren, theoretisch ist die Strecke frei, und wir könnten fahren, aber wir haben leider keinen Lokführer.« Pünktlich nach zehn Minuten fügte die Stimme hoffnungsvoll hinzu: »Vielleicht kommt er ja noch. Es ist Sturm da draußen.« Wir glaubten ihr.

Nach insgesamt einer Stunde Warten waberten Gerüchte durch den Waggon: Auf Gleis 3 stehe ein Zug, der über Koblenz auf der alten Rheinstrecke fahre. Die Mutigen rannten hinüber zu Gleis 3, die Zweifler warteten weiter auf den vermissten Lokführer. Nach einer weiteren halben Stunde zweifelte ich nicht mehr, folgte

den Gerüchten und stieg auf Gleis 3 in den Zug nach
Köln, der bislang noch nicht losgefahren war. Mein Blick
fiel auf die Anzeige, die verkündete, dass dieser Zug ab
Wagen 8 geteilt würde. Ich saß im Wagen 8, also sprang
ich wieder aus ihm heraus. In diesem Moment fuhr das
Ding ab. Aber nicht geteilt, sondern komplett. Nach Köln.

Als ich niedergeschlagen zu meinem ursprünglichen
Zug zurückschlich, hatte sich dort einiges getan. Es gab
einen Lokführer und 300 Prozent mehr Mitreisende,
die trotz Sturm Richtung Köln wollten. So stelle ich mir
Zugfahren in Indien vor. Um drei Uhr nachts kamen wir
schließlich an.

Wenn man das alles so liest, kann man nur noch den Kopf
schütteln und sich fragen: Was wollen die Menschen eigentlich? Wollen sie in unserer durchgestylten und hoch
effektiven, logistisch perfekten Just-in-Time-Welt ohne jede
Aufregung vor sich hin vegetieren? Auf die Minute genau
am Zielort eintreffen, schon vom Bahnhof aus den Kühl-
schrankinhalt durchchecken, die Wohnung durch ein elek-
tronisches Steuerungssystem vorheizen lassen und per App
am mobilen Endgerät das zum eigenen Persönlichkeitsprofil
passende Fernsehprogramm auswählen und vorprogrammie-
ren? Haben wir gar keinen Blick mehr für die Abenteuer am
Wegesrand? Lassen wir doch noch einmal Revue passieren,
was Frau Möller hier alles erleben durfte, und das völlig
ohne Aufpreis:

Nämlich Nervenkitzel pur, weil sich alle zehn Minuten
die Gesamtlage änderte. Gemeinschaftliches Fiebern angesichts der bangen Frage: Kommt der Zug durch? Dieser

Zusammenhalt der Menschen, so etwas gibt es heute kaum noch! Und dann das Hoffen auf den Lokführer. Schafft er es durch das Unwetter zum rettenden Bahnhof, wird er das Führerhäuschen erklimmen und dann mit ruhigen Händen den kraftstrotzenden ICE durch die Sturmgewalten lenken? Kommt da überhaupt ein Lokführer? Ein Gesellschaftsspiel übrigens, das in letzter Zeit dank der zuständigen Gewerkschaft ganz neue Bedeutung erlangt hat. Schließlich das Rätselraten um den Zug auf Gleis 3, spannender als jedes PC-Adventure-Spiel. Und am Ende dieses aufregenden Tages konnte Frau Möller glücklich in ihr Bett fallen und ist bestimmt gut eingeschlafen. Was will sie mehr?

Zu dieser Erkenntnis passt ein weiteres Erlebnis, das uns dieselbe Frau Möller übermittelte. Auch dieses Abenteuer fand im Herbst statt, war aber zugegebenermaßen jahreszeitenunabhängig:

Ich wollte von Köln aus nach Berlin fahren und war eine halbe Stunde zu früh am Bahnhof. Ich wartete am Abfahrtsgleis. Dort stand bereits ein Zug, aber auf der Anzeigetafel stand: »Bitte nicht einsteigen.« Es gab keine weitere Durchsage, also wartete ich brav am Bahnsteig. Nach einer Viertelstunde standen Zug und Anzeige immer noch unverändert da, und so fragte ich einen Bahnmitarbeiter nach dem IC nach Berlin. Seine Antwort lautete: »Sie sind auf dem richtigen Gleis, aber bitte steigen Sie nicht in diesen Zug ein. Der ist falsch.« Ich bedankte mich und folgte selbstverständlich den Anweisungen. Nach weiteren fünf Minuten wurde ich etwas unruhig, denn mein Zug sollte ja nun bald abfahren. Und angeblich ge-

nau hier! Doch hierzu müsste erst dieser falsche Zug das Gleis verlassen. Der jedoch machte keinerlei Anstalten, dies zu tun.

Mittlerweile doch etwas nervös geworden, fragte ich einen Schaffner vom Bahnsteig gegenüber. Sein Rat, während er auf den besagten Zug deutete: »Steigen Sie bloß nicht in diesen Zug ein. Der ist es nicht. Steht ja auch dran.« Welcher Zug es dann aber sein würde, war aber auch von ihm nicht zu erfahren. Ratlos sah ich jetzt, zwei Minuten vor der eigentlichen Abfahrt meines Zuges, dass immer mehr Menschen in den falschen Zug einstiegen. Noch immer gab es keine neue Anzeigetafel oder eine Durchsage. Erst im letzten Moment flammte direkt am Wagen eine Tafel in roter Schrift auf: »Zielbahnhof Berlin-Spandau«. Ich konnte gerade noch hineinspringen …

Fazit: Viele Reisende haben noch gar nicht bemerkt, dass sich das Unternehmen Bahn längst in den größten Abenteuerspielplatz der Welt verwandelt hat. Ewiggestrige spielen noch »World of Warcraft« und schlagen sich dabei im Internet mit fiesen Monstern und Hexen die Schädel ein. Der moderne Genuss- und Vergnügungssüchtige hat dagegen längst eine SpaßCard 50 und fährt (na gut: fährt und steht) mit der Bahn durch das Real Life. Spannend!

Noch eine ganz andere Frage aber wird durch die beiden Berichte von Frau Möller aufgeworfen. Seit Jahren werfen alle Bahnkritiker dem Transportunternehmen eine mangelhafte Informationspolitik vor. Auch die Verfasser dieses Buchs haben sich hin und wieder dazu hinreißen lassen. Aber ist nicht weniger manchmal auch mehr? Durch Aussagen wie

»Da wird eine Nebenstrecke frei« oder »In diesen Zug bitte nicht einsteigen« werden Reisende eigentlich unnötig verwirrt oder mit überzogenen Erwartungen konfrontiert, die dann anschließend immer bitter enttäuscht werden, wenn durch permanente Ereignisveränderung im Bahnkosmos die Informationen schnell veralten. Ohne jede Information hätte jeder Reisende auf der Sturmfahrt mit dem Schlimmsten rechnen müssen und wäre angenehm überrascht gewesen, wenn er schon um drei Uhr nachts daheim ist. Und der Zug nach Berlin? Ohne Anzeigetafel und unsinnige Erläuterungen des Bahnpersonals wäre Frau Möller vielleicht einfach eingestiegen, weil es alle taten. Und wäre sie draußen geblieben, hätte sie sich nach Abfahrt des Zuges sagen können: »Ach wärst du doch bloß eingestiegen.« Sie hätte sich jedoch nicht über die inkompetente Bahn geärgert, sondern nur über sich selbst.

»Ich hätte immer einen Hammer dabei!«

Wie schlägt man sich bei Hitze, Kälte und ohne Nahrung und Trinkwasser im Zug durch? Mark Spörrle sprach mit dem Survival-Experten und Abenteurer Rüdiger Nehberg:

Herr Nehberg, Sie haben viele Reisen hinter sich, auch mit der Bahn …

Beispielsweise fuhr ich einmal im Orient-Express von Istanbul nach München, vor vielen Jahren. Ein Zug voller Gastarbeiter, total überfüllt, ich der einzige Deutsche. Die haben mich reingezogen, mich über die Köpfe hinweg durchgereicht. Ein Kind wurde nach oben ins Gepäcknetz gesetzt, damit ich Platz hatte. Man bot mir zu essen an, denn ich hatte nichts dabei, ich hatte mit einem Speisewagen gerechnet. Über mir aus dem Gepäck tropfte Fett und Honig …

… viele Leute können sich lebhaft vorstellen, heutzutage mit unserer Bahn in eine ähnliche Lage zu geraten, nur leider ohne Honig. Sie haben nahezu alle Teile der Erde durchquert. Wenn Sie mit der Bahn fahren und auf Nummer sicher gehen wollten: Was würden Sie mitnehmen?

Ein Handy, dazu Müsliriegel, Powerriegel. Dann haben Sie kompakte Nährstoffe dabei. Obwohl – das muss nicht un-

bedingt sein. Ein paar Tage hält man es auch ohne Nahrung aus.

Sie, Herr Nehberg, sicherlich. Aber ein einfacher Bahnkunde, ich zum Beispiel, hätte da bei einigen Tagen schon Probleme. Sie würden auch zu etwas zum Trinken mitnehmen?
Klar, damit die Trockennahrung runterrutscht und ich über die Bahn schimpfen kann. Zu langfristigem Schimpfen braucht man Wasser. Sonst klebt die Zunge am Gaumen fest. Ich würde nur noch lallen, und geschickte Werber könnten das als Zustimmung, als Lobhudelei ummünzen.

Wie viel Wasser?
Das kommt auf die Strecke an. Wenn ich nur von Hamburg nach Göttingen fahren würde, genügte mir meine Spucke.

Rüdiger Nehberg, auch »Sir Vival« genannt, geboren am 4. Mai 1935 in Bielefeld, ist Survival-Experte und Aktivist für Menschenrechte. Noch als selbstständiger Konditor in Hamburg erregte er Aufsehen, als er 1981 von Hamburg nach Oberstdorf rund 1000 Kilometer wanderte und sich nur von dem ernährte, was er abseits der Zivilisation in der Natur fand. Später ging Nehberg unter anderem ohne Ausrüstung nackt durch den brasilianischen Regenwald und überquerte mit Tretboot, Bambusfloß und einem massiven Baumstamm den Atlantik. Seit 1980 setzt er sich für die Yanomami-Indianer in Südamerika ein. 2000 gründete er die Menschenrechtsorganisation TARGET, die in enger Partnerschaft mit dem Islam gegen die Beschneidung weiblicher Genitalien kämpft.
Nehberg veröffentlichte eine Reihe Bücher, darunter *Voll peinlich! Erlebte Geschichten* (2008), *Echt verrückt! Erlebte Geschichten* (2003) und *Überleben ums Verrecken* (2002). Zuletzt erschien von ihm *Sir Vival blickt zurück: Resümee eines extremen Lebens* (2010).

Sicher, die Strecke klingt erst einmal nicht weit. Aber man weiß ja nie, was passiert: Der Zug könnte unterwegs ein paar Stunden stehen bleiben ...

Bis zu einem Tag bräuchte ich nichts zu trinken. Bis dahin ist man auf jeden Fall befreit. Hätte ich einen dringenden Termin, würde ich aussteigen und den Rest zu Fuß marschieren.

Meist hält die Bahn die Türen ja geschlossen, damit die Fahrgäste sich nicht beim Fliehen selbst in Gefahr bringen. Sie könnten gegen einen entgegenkommenden Zug taumeln ...

Ich hab ja Augen im Kopf und gute Hörgeräte. Wenn von außen keine Hilfe zu erwarten ist, würde ich irgendwann die Scheibe einschlagen – und dann nichts wie raus. Ich habe zum Glück ein Metallknie. Das ist der beste Hammer. Allzeit bereit.

Der durchschnittliche deutsche Bahnkunde hat so ein tolles Knie nicht. Er hat auch eher Hemmungen, einfach in James-Bond-Manier zu reagieren. Vielleicht, weil er daran gewöhnt ist, dass Züge sommers wie winters mitunter ziemlich lange stehen bleiben.

Deshalb würde ich ein Survival-Kit für Bahnreisende mitnehmen, eigentlich gehört das auch in jedes Zugabteil. Bestückt mit Riechsalz, falls jemandem schlecht wird. Mit K.o.-Tropfen, es kann ja zu Konflikten kommen. Mit einem Fächer, um sich etwas Kühlung zu verschaffen, mit weiter, bequemer Baumwollkleidung und einem Handtuch zum Auffangen von Schweiß. Irgendwann kann man es auswrin-

gen und seinen eigenen Schweiß als lebensrettenden Tropfen genießen. Und sicher, Wasser. Als ich mit dem Tretboot über den Atlantik gefahren bin, habe ich beispielsweise fünf Liter pro Tag gerechnet, aber gebraucht habe ich nur zwei Liter. Immerhin herrschten da Temperaturen von 35 Grad.

Im Sommer 2010 gab es im deutschen Fernverkehr ICEs, in denen die Klimaanlage ausfiel. In ihnen kletterte die Temperatur auf 50 Grad Celsius. Manche sagen, noch mehr.

Dann sollte man doch mehr Wasser mitnehmen. Drei Liter auf jeden Fall. Wobei es wichtig ist, immer nur in Schlückchen zu trinken, nicht das Wasser einfach so hinunterzustürzen. Und wenn das Wasser alle wäre, würde ich, wie gesagt, versuchen, aus dem Zug zu kommen. Solche Temperaturen sind gefährlich. Das kann der Körper auf Dauer nicht mehr wegkühlen. Aber es kann ja auch sein, dass der Zug gar nicht überhitzt ist, sondern arschkalt. Für diesen Fall würde ich einen Schlafsack dabeihaben. Auch eine Gold-Silberfolie, die die Körperwärme reflektiert. Und nochmals: Wichtig ist es, genug zum Trinken dabeizuhaben, damit man das Ausgeschwitzte wieder kompensieren kann.

Gut vorbereitet zu sein ist eines. Aber was würden Sie unternehmen, wenn Sie weder Wasser noch Kleidung noch Vorräte dabeihätten? Weil Sie ganz in Gedanken nur mal schnell nach Göttingen fahren wollten und dachten, da passiert nichts. Und dann passiert es doch: Der Zug bleibt stehen, und Sie haben Durst. Und es dauert, dauert, dauert ...

Und das BordRestaurant ist vermutlich längst leer geräubert?

Sofern es überhaupt geöffnet hatte.

Ich würde das Wasser aus dem Wasserhahn im WC trinken.

Da steht immer dieses Schild: »Kein Trinkwasser.«

Ja, wer weiß schon, wann die Wassertanks gereinigt werden.

Ob sie überhaupt jemals ...

Ich würde dieses Wasser trotzdem trinken, auch wenn ich keine Tabletten, Filter oder Apparate zur Wasseraufbereitung bei mir hätte. Ein Darmproblem ist reparabel. Ein vertrockneter Toter nicht mehr. Meist hilft es, ein Stück Holzkohle zu essen, das tötet die Bakterien. Also legen wir auch noch ein Stück Holzkohle in das Bahn-Survival-Kit.

Sollte man sicherheitshalber immer ein bisschen Kohle dabeihaben, wenn man Zug fährt?

So ein Stückchen Holzkohle ist nicht groß, und wenn man es sofort nach dem Trinken nimmt, beugt es vielleicht sogar vor. Holzkohle ist nicht schädlich, und wer Hemmungen hat, sie zu essen, der kann sich zum Beispiel Butter daraufschmieren und Pflaumenmus. Letzteres geht Ton-in-Ton in die Farbe der Holzkohle über – sehr appetitlich. Nochmals: Ich würde das Wasser unbesorgt trinken. Wenn es wirklich ums Verdursten geht, darf man nicht zimperlich sein. Da würde ich sogar an einem bestimmten Punkt Salzwasser schlucken, selbst wenn die Nieren dann kollabieren.

So weit wird es in deutschen Zügen hoffentlich nicht kommen. Was ist denn mit dem Kondenswasser, das sich bei

Temperaturunterschieden an den Scheiben bildet und wenn viele Menschen schwitzen?

Richtig, das können Sie sogar trinken, selbst wenn Sie keine Holzkohle dabeihaben. Im Gegensatz zum Toilettenwasser ist Kondenswasser fast steril. Es sei denn, die Scheiben waren längere Zeit nicht geputzt ...

... das halte ich bei der Bahn für ohne Weiteres möglich.

Aber es birgt eine andere Gefahr: Es ist destilliert. Es entzieht dem Körper Mineralien, der Mund trocknet aus. Das ist genau der gleiche Effekt, den Sie haben, wenn Sie Regenwasser auffangen: Es fehlen Mineralien. Die bekommt man aber ganz einfach: In der Wüste haben wir dem Wasser, das wir aus der nachts aufgefangenen Feuchtigkeit gewonnen haben, etwas Sand zugesetzt, bevor wir es getrunken haben. Im Zug könnten Sie das Kondenswasser mit dem mitgebrachten Handtuch oder einem Kleidungsstück aufwischen. Mit dem können Sie dann noch über die Türklinken fahren – die Leute haben ja alles Mögliche an den Händen, auch Schweiß, also Mineralien satt.

Wenn man sehr verzweifelt ist und es kein Toilettenwasser mehr gibt, wäre das sicher eine letzte Möglichkeit. Aber vorher ... Kann man nicht den eigenen Schweiß nehmen? Indem man das Hemd, das man am Körper trägt, als Lappen verwendet?

Und es dann aussaugt? Ich sehe, Sie lernen dazu.

Aus rein akademischem Interesse: Könnte man auch den Schweiß anderer Leute nehmen?

Ja, das ist wie Küssen. Unter Umständen könnte das aber zu Konflikten führen, zu Eifersucht. Was ist, wenn Sie einem anderen Mann, einer anderen Frau den kostbaren mineralhaltigen Schweiß wegnehmen und am Ende dafür verantwortlich gemacht werden, wenn er oder sie deswegen verdurstet?

Ich verstehe. Kommen wir lieber aufs Essen: Was findet man noch in so einem Zug, das man verzehren kann?
Man kann sich disziplinieren. Als ich vor ungefähr 30 Jahren ohne Nahrung tausend Kilometer durch Deutschland wanderte, konnte ich nach drei Tagen an Schaufenstern von Lebensmittelläden vorbeigehen, ohne Hunger zu bekommen. Das Hungergefühl war erstorben. Im Gegenteil: Als das Fett weg war, fühlte ich mich sogar belebt. Ich habe nichts weiter gegessen als ein paar Holunderbeeren und ab und zu mal eine Heuschrecke. Hauptsächlich lebte ich von mir selbst. Pro Tag habe ich ein Pfund Lebendgewicht verloren.

Ab und zu gibt es ja auch Insekten im Zug. Ein Falter, eine fette Fliege …
Die kann man essen. Man kann auch hoffen, dass die Bahn für solche Fälle ein paar fette Kakerlaken ausgesetzt hat. Die schmecken zwar tranig-ekelhaft, aber der Körper behält sie normalerweise bei sich und bekommt so Proteine, Mineralstoffe, Fett, Eiweiß. Heuschrecken schmecken allerdings besser, wie Haselnuss. Man sollte ihnen nur die Hinterbeine ausreißen, weil die Widerhaken haben. Das leckerste Insekt, das ich aß, war übrigens im Dschungel. Da schlug man die Nüsse der Stachelpalme auf – und darin war meist statt

der Nuss ein dicker Engerling. Köstlich, der schmeckte wie
Kokosnusspudding! Fettig, cremig, süß. Aus vollster Über-
zeugung habe ich das Dr. Oetker als Rezeptgrundlage vor-
geschlagen, aber die haben nie geantwortet. Da hat Oetker
eine gewaltige Marktlücke übersehen.

Im Ernst?
Was denken Sie denn? Auf meinem Deutschlandmarsch habe
ich oft Buchenblätter oder Tannenspitzen gekaut. Das bringt
nicht allzu viel, hat keinen großen Nährwert, aber man ist
beschäftigt. Es beruhigt den Magen. Der will ja schließlich
seinen Job machen und nicht leer herumhängen. Im Zug
könnte man das Toilettenpapier oder die Papierhandtücher
essen … Der ideale Ein-Euro-Job für unerfüllte Mägen.

Hygienepapier gibt es im Zug leider meist ohnehin zu wenig.
Was ist mit Zeitungen?
Auch die kann man essen. Allerdings: Wenn Sie Derartiges
essen, gerade solch Furztrockenes, braucht der Körper
automatisch auch Wasser. In einer Situation, in der es um
Hunger und Durst geht, würde ich also eher auf das Essen
verzichten. Da ist das Wasser erst einmal wichtiger.

Aber manchmal ist der Hunger doch ziemlich elementar.
Tja, aber was findet man dann in den Zügen? Gut, man
könnte wiederum alle Türklinken ablecken oder sich die
Pickel ausdrücken, aber da könnte selbst ich mich beherr-
schen. Irgendwann wird der Laden ja von der Feuerwehr
aufgebrochen. Bis dahin würde ich cool entspannen und ein
Nickerchen machen. Oder dieses Buch von Mark Spörrle

und Lutz Schumacher lesen, das in jedem persönlichen oder
bahneigenen Survival-Kit zu finden ist. Oder mein Werk
»Überleben ums Verrecken«. Vielleicht bekommen wir un-
sere Verlage dazu, diese Bücher aus Esspapier zu machen?

**Super Idee! Bis es so weit ist: Lassen sich die Gummi-
dichtungen im Zwischenwagenbereich kauen?**
Wie Kaugummi. Man kann auch Schuhsohlen nehmen. Be-
sonders guten Ruf hat italienisches Leder. Es lässt Fernweh
aufkommen, lenkt ab.

Und der Inhalt der Abfallbehälter?
Auf jeden Fall! Da finden Sie tolle Sachen: Apfelreste, Ba-
nanenschalen, manchmal sogar Brotstücke. Wenn vor Ihnen
kein anderer auf die Idee kam …

Manche Leute könnten das für ekelig halten.
Denen gegenüber ist ein Survivor immer im Vorteil. Ich wür-
de es essen. Die Abfallbehälter werden ständig gereinigt,
spätestens an jeder Endstation. Und in Deutschland ist man
nach etwa zwölf Stunden an einer Endstation.

**Ihr Wort in Gottes Ohr. Und ansonsten hat man ja die Kohle
dabei.**
Richtig.

**Was würden Sie machen, wenn der Zug steht und es wird
immer kälter? Sie klappern mit den Zähnen, Ihre Sitznachbarn klappern mit den Zähnen. Alle tragen jedes Teil, das sie
dabeihaben, aber sie klappern trotzdem …**

Wärme verschaffen kann man sich, indem man sich zu meh-
reren zusammenkuschelt und Kleider drumherum drapiert,
einen Pulk bildet, wie zum Beispiel Bienen es tun. Gruppen-
sex heißt das wohl im Deutschen ...

Mit anderen kuscheln ist nicht immer jedermanns Sache.
Oder es geht nicht, denn der Zug ist leer, und den Zugbeglei-
ter will man doch lieber nicht fragen. Oder man würde ihn
sogar fragen wollen, aber er hat sich vorsorglich irgendwo
versteckt. Könnte man im Notfall ein Feuer machen?
Man würde ersticken! Denken Sie an den Rauch und die
geschlossenen Fenster! Ich würde jetzt wirklich eins davon
einschlagen – und nichts wie weg. Irgendwo gibt es immer
ein paar Kraftprotze, die einem helfen. Oder Leute mit
'nem Holzkopp. Das sind die besten Hämmer. Besser noch
als mein Metallknie.

Nehmen wir vorher noch das Gegenteil an: Es ist nicht sau-
kalt, sondern es wird immer heißer ...
Ich würde erst einmal die Klamotten ausziehen, bis auf ein
Hemd. Das könnte man zusätzlich nass machen und am
Körper fächern, das kühlt. Als ich im Tretboot den Atlan-
tik überquerte, hatte ich einen Overall an, den ich immer
mit Salzwasser durchnässt habe, das war sehr angenehm.
Und ich brauchte weniger Trinkwasser als gedacht. Im Zug
kann man sich auch sein Baumwollunterhemd auf den Kopf
legen und sich mit dem Fächer aus dem Survival-Kit Luft
zufächern. Aber noch einmal: Wenn dann nicht schnell von
außen Hilfe kommt, die Bahn nicht handelt – ich würde die
Scheibe einschlagen. Ein klassischer Fall von Notwehr.

Aber diese Scheiben sind ziemlich dick.

Als ängstlicher Mensch kann ich ganz auf Nummer sicher gehen, indem ich einen Vorschlaghammer dabeihabe. In Zügen habe ich oft keine Nothämmer gesehen. Doch ohne sie, ohne Metallknie und Holzköpfe bekommt man die Fenster nicht auf. Wenn es um mein Leben geht und mir niemand hilft, muss ich so ein Werkzeug selbst in meinem Gepäck mitführen.

Und falls Sie, um Ihr Gepäck leicht zu halten, doch keinen Hammer eingesteckt haben?

Irgendjemand hat immer etwas dabei. Ein Kruzifix. Ein Schweizer Taschenmesser, mit dem man solange auf die Scheibe einhämmern kann, bis sie nachgibt. Möglicherweise lassen sich die Gepäckablagen abreißen und als Rammbock verwenden. Oder die Kloschüssel, die ist nur mit vier Schrauben befestigt. Und wenn dann der Zug steht, kann man aussteigen und muss nur den Schienen folgen. Mit solchen Aktionen lässt sich ein großartiges Unterhaltungsprogramm für die Mitreisenden improvisieren. Die vergessen ganz, dass sie im Zug gefangen sind ... Wäre ich TV-Intendant, hätte ich längst eine Unterhaltungssendung daraus gemacht. Und müsste ich einen Tag lang Frau Merkel vertreten, wäre die erste Amtshandlung die, SOS-Pflichtkurse für alle bahnreisenden Bürger einzuführen.

SOS-Pflichtkurse für bahnreisende Bürger?

Genau. Zu solchen Extremfällen kommt es ja nicht häufig, in der Regel ist das Ganze schnell vorbei und nicht lebensbedrohlich, aber trotzdem könnte die Bahn Kurse einrich-

ten. Survival-Kurse für solche Situationen, für liegen gebliebene Passagiere. Aber auch solche Kurse, in denen Zugbegleiter das richtige Verhalten trainieren. Wie man mit den Menschen in einem stecken gebliebenen Zug umgeht. Welche Durchsagen man macht. Wie man Panik verhindert. Viele sind so einer Situation nicht gewachsen. Allein zu wissen, was man tun könnte, beruhigt ungemein.

Service rund um die Uhr?

Ein wunderschöner Freitagmorgen, 6 Uhr 59. Ich sitze im BordRestaurant eines ICEs, schlürfe den ersten Kaffee und freue mich auf das üppige Frühstück. »Zugestiegene, die Fahrausweise bitte«, dröhnt es hinter mir, und ein missmutig dreinblickender rothaariger Zugbegleiter schaut mich finster an. Ich verzichte auf die sprachliche Durchleuchtung seiner Aufforderung, reiche ihm trotzig mein gestern erworbenes Online-Ticket und wende mich wieder dem Kaffee zu. »Die BahnCard bitte«, setzt der Rothaarige nach. Seufzend zücke ich meine Brieftasche und reiche ihm das gewünschte Stück Plastik.

Der Zugbegleiter wirft einen Blick darauf und meint dann: »Schauen Sie mal auf das Datum.«

Ich blicke auf die blitzblanke BahnCard 50 First und sehe mit Schrecken, dass ich vergessen habe, sie gegen die kürzlich zugesandte neue BahnCard (460 Euro!)* auszutauschen. »Ach herrje, die neue Karte liegt zu Hause«, murmele ich. »Können Sie vielleicht anhand der Nummer feststellen, dass ich immer noch Kunde bin?« Ich schaue ihn hoffnungsvoll an, doch der Servicemann winkt höhnisch ab.

---

* Kurz vor Drucklegung dieses Buches wurde allerdings bereits die nächste Preiserhöhung angekündigt.

»Sie müssen nachzahlen«, verkündet er gebieterisch.

»Aber ich habe doch wirklich eine gültige BahnCard«, stammle ich. Vergeblich.

»Sie können sich den Nachzahlungsbetrag im ReiseCenter erstatten lassen, wenn Sie die Karte vorlegen«, ätzt der Mann. Sein Blick sagt alles. Ich bin sicherlich nicht der Erste, der mit einem solchen Ansinnen nach stundenlangen Versuchen am Schalter verendet ist. »Das kostet allerdings eine Bearbeitungsgebühr …«, setzt er noch nach. Die bestimmt höher ist als der Nachzahlungsbetrag, denke ich grimmig und zahle die geforderte Summe.

Am Abend, wieder daheim, stelle ich dann entsetzt fest, dass ich nicht mehr weiß, wohin ich das gute Stück gelegt habe. Mehrfach durchsuche ich die Wohnung und sämtliche Taschen – und verdränge schließlich das Problem. Erst zwei Wochen später, an einem Samstagabend, fällt mir wieder ein, dass ich jetzt BahnCard-los bin und bei meiner nächsten Reise am Montag den vollen Preis zahlen müsste. Das Kundencenter hat jetzt bestimmt zu. Und am Sonntag wird es nicht anders sein. Ein Blick ins Internet weckt einen Hoffnungsschimmer. »0180 5 99 66 33 – Ihre Servicenummer für Fragen, Lob und Beschwerden. Ebenso können Sie hier Fahrkarten buchen oder sich über Serviceleistungen der Bahn informieren. Durch Tastatur-Befehle oder Stichworte gelangen Sie direkt zu Ihrem gewünschten Service«, steht da. Und ich kann mein Glück kaum fassen: »Die Service-Hotline ist rund um die Uhr für Sie besetzt.« Es ist also nicht alles schlecht.

»Herzlich willkommen bei der Servicenummer der Bahn«, schnarrt eine Computerstimme zur Begrüßung und bedrängt mich sogleich, auf der Tastatur meines Telefons Zahlen einzugeben, um mein »Anliegen gezielter bearbeiten zu können. Ich habe folgende Auswahl für Sie …« Nach einigen Abfrageschleifen bin ich im Menüpunkt »BahnCard« angekommen. Dann werde ich mit dem BahnCard-Service verbunden, nicht ohne Belehrung, dass die Gespräche zur Qualitätssicherung mitgeschnitten werden. Welche Gespräche eigentlich?, schießt es mir durch den Kopf, denn außer dem Computergequäke hat hier noch niemand irgendetwas gesagt.

Ein melodischer Ton erklingt, dann meldet sich erneut die Computerstimme: »Leider rufen Sie außerhalb der Öffnungszeiten an.« Na super, ich bin wieder einmal auf die Bahnlogik hereingefallen. Die Service-Hotline ist tatsächlich rund um die Uhr besetzt, was kein Problem ist, da sie aus einer Ansagemaschine besteht, die weder schlafen, rauchen, pinkeln oder essen muss. Insofern ist die Aussage der Bahn hier nicht gänzlich falsch. Hat man aber tatsächlich ein Problem, muss ein richtiger Mitarbeiter eingreifen, und den gibt es zum Beispiel am Samstag nur bis 18 Uhr. Oder montags ab sieben.

Nachtrag: Der »richtige« Mitarbeiter konnte mir zu meiner Überraschung sogar richtig helfen. Eine Ersatzkarte (kostet 15 Euro) kam tatsächlich per Post, und da ich ja am selben Tag reisen musste, wurde mir eine vorläufige BahnCard am Automaten hinterlegt. Keinen Erfolg hatte ich bei der Erstattung des nachgelösten Aufpreises. Auch wenn man nachweislich im Besitz einer gültigen BahnCard ist, heißt das noch lange nichts – zumindest, wenn man die »Nr. 600/C des Tarifverzeichnisses Personenverkehr« aus den Beförderungsbedingungen nicht kennt beziehungsweise vergessen hat. Dort ist auf Seite 30 ganz klar und unmissverständlich geregelt, dass man die Karte innerhalb von 14 Tagen im Reisecenter vorzulegen hat, wo das Aufgeld bei Vorliegen aller Voraussetzungen und Bezahlung einer Servicegebühr von sieben Euro gegebenenfalls erstattet wird. Und 14 Tage heißt nun mal 14 Tage und nicht 15 Tage, wie mir die freundliche Service-Mitarbeiterin am Tresen mitteilte.

Deutschland steigt aus

In Deutschland gelten rund 60 Prozent der Männer und immerhin 43 Prozent der Frauen als übergewichtig. 15 Prozent der Deutschen sind sogar stark übergewichtig. Verfasser von Studien schätzen, dass unser Gesundheitssystem hierdurch jährlich mit bis zu 20 Milliarden Euro zusätzlich belastet wird. Obwohl das alles sehr schlimm ist, tut niemand wirklich etwas gegen diese besorgniserregende Entwicklung. Niemand, außer der viel gescholtenen Deutschen Bahn, wie wir herausgefunden haben. Wie Sie gleich sehen werden, hat sich das Unternehmen in einem bislang sehr geheim gehaltenen Programm offenbar vorgenommen, den Deutschen, die jetzt bereits im Schnitt die dicksten Menschen in Europa sind, einmal den Spiegel vorzuhalten. Uns Bahnautoren fiel diese heroische Tat zunächst erst gar nicht auf, wir sahen auch keinen Zusammenhang mit bestimmten Vorkommnissen, selbst dann nicht, als wir den Bericht von Heinz Jäger aus Dortmund lasen, der uns von einer Fahrt mit dem ICE von Berlin ins Ruhrgebiet schrieb:

Bei einer Schnellraucherpause in Hannover war mir aufgefallen, welche Menschenmengen in den ICE eingestiegen waren. Dabei habe ich mir noch nichts gedacht. Das sollte sich danach aber schnell ändern, denn als ich zurück an meinem Platz war, kam die Zugdurchsage: »Der ICE in Richtung Dortmund ist überfüllt und kann nicht weiterfahren. Wir bitten Freiwillige, den Zug zu verlassen und den nächsten ICE Richtung Dortmund zu nutzen.« Diese Ansage wurde mehrfach wiederholt und kostete uns mehr als 30 Minuten Verspätung. Kurz vorm langen Wochenende mit Brückentag (Christi Himmelfahrt) echt nervig. Wie die Zugbegleiter es geschafft haben, die Fahrgäste zum Verlassen des Zuges zu überreden, bleibt mir ein Rätsel. Hätte das aber nicht geklappt, wäre wahrscheinlich mein ICE so lange in Hannover nicht weitergefahren, bis der nächste ICE Richtung Dortmund eingetroffen wäre.

Nachdenklich wurden wir, als wir eine ganz ähnliche Geschichte von Tilo Schelsky aus Neubrandenburg erhielten. So langsam wurde klar, dass es um noch etwas anderes, etwas Größeres gehen musste:

Ich saß mit Kollegen im ICE von Frankfurt/Main nach Berlin, als der Zug in Göttingen plötzlich stehen blieb. Nach zehn Minuten kam eine Durchsage: »Sehr geehrte Fahrgäste, unser Zug ist leider zu schwer und darf nicht weiterfahren. Dies betrifft vor allem die erste Klasse. Wir bieten jedem Fahrgast, der freiwillig den Zug verlässt, einen Reisegutschein über 25 Euro an.« Die Durchsage wurde allenthalben mit Kopfschütteln, Gelächter und Unverständnis aufgenommen, denn es war Freitagnachmittag, und welcher Erste-Klasse-Reisende würde für 25 Euro seinen Wochenendbeginn aufs Spiel setzen, zumal man ja weiß, wie leicht es ist, einen Deutsche-Bahn-Gutschein einzulösen.

Jedenfalls wurde die Durchsage ständig wiederholt. Schließlich marschierte ein Trupp Bundespolizei martialisch an der ersten Klasse vorbei und schaute dabei grimmig in die Wagen. Im Großraum kursierten dabei Witzchen, etwa, ob die Zugbegleiter mit einer Waage herumgehen würden. Ein Anwalt warf die Frage auf, ob ein Einheitspreis von 25 Euro nicht ziemlich ungerecht sei. Schließlich wäre doch ein Übergewichtiger bestimmt 40 Euro, ein dürrer Mensch hingegen aber nur 15 Euro wert. Nach fast einer Stunde fuhr der Zug plötzlich weiter. Keine Ahnung, ob die doch noch ein paar Dumme gefunden haben oder ob das Problem dann irgendwie anders gelöst wurde.

Schließlich erhielten wir ein Schreiben von Frieder Riedel aus Echterdingen. Auch er geriet in einen Zug, der angeblich nicht mehr weiterfahren durfte. Aber langsam wurde das Bild klar, das Bild einer bislang unbekannten, weil selbstlosen und mildtätigen Bahn:

Meine Frau und ich, beide 67 Jahre alt, unternahmen zusammen mit unseren drei Enkeln im Alter von sieben, elf und 15 Jahren eine Bahnfahrt von Stuttgart zum Frankfurter Flughafen, um von dort eine Flugreise nach Kanada anzutreten. Wir benutzten die Bahn aus ökologischen Gründen. Bereits bei der Platzreservierung hätte ich stutzig werden sollen, weil der von uns gewünschte Zug samstags nicht fuhr – ausgedünnter Fahrplan am

Wochenende, und das am Samstag vor Pfingsten! Beim Einsteigen mit drei Kindern gelang es uns kaum, uns in den Wagen zu begeben, da der Zug völlig überfüllt war. Leider stiegen wir auch noch am verkehrten Ende ein und konnten so unsere reservierten Plätze nicht erreichen, da ein Durchkommen mit Gepäck für 14 Tage nicht möglich war. Wir ließen die Koffer stehen und kämpften uns zu unseren reservierten Plätzen durch, die natürlich schon längst besetzt waren.

In Mannheim stürmten weitere Hunderte von Fahrgästen in den Zug, und als endlich alle drin waren, erfuhren wir per Lautsprecherdurchsage, dass der Zug wegen Überfüllung nicht fahren könne. Die neu zugestiegenen Passagiere wurden aufgefordert, den Zug wieder zu verlassen und andere Verbindungen zu nehmen. Die Durchsagen wurden immer dringender und gipfelten im Angebot von 25 Euro pro Person, wenn jemand aussteige. Der Zug blieb 20 Minuten stehen, etwa 20 Personen verließen tatsächlich den Wagen. Am Ende fuhren wir doch weiter, wahrscheinlich, weil das Gleis für den nächsten herankriechenden Zug benötigt wurde. Ich fragte mich, warum die Fahrgäste eigentlich nicht vor Besteigen des Zuges informiert wurden. Die Entlastung von 20 Fahrgästen – circa 2000 Kilogramm – dürfte die Sicherheit des Fahrzeugs eigentlich nicht entscheidend verbessert haben. Oder befanden wir uns bei dieser Bahnfahrt nun in Gefahr für Leib und Leben?

Da können wir Herrn Riedel beruhigen. Zu keiner Zeit bestand Gefahr, jedenfalls nicht wegen des Zuggewichts. So ein paar Kilogramm, das kann doch einen ICE nicht erschüttern. Was Herr Riedel aber nicht weiß, nicht wissen kann, ist, dass die Deutsche Bahn als quasi staatliches Unternehmen hier offenbar ganz andere, wir denken übergeordnete Ziele verfolgt: Deutschland soll abnehmen. Das kann die Bahn natürlich so direkt nicht sagen, die Reisenden wären vermutlich beleidigt. Dass aber Gefahr im Verzug ist, kann man schon an den Angaben von Herrn Riedel sehen. Wenn 20 Fahrgäste 2000 Kilogramm auf die Waage bringen, dann ist das beängstigend. Ausgehend von der deutschen Durchschnittslänge (1,72 Meter) würde das ja bedeuten, dass der besagte Personenkreis im Durchschnitt einen Body-Mass-Index von 33,8 aufweist. Das ist allerschwerstes Übergewicht! Und nun stellen Sie sich einmal vor, Sie gehören zum Kreis der 20 und werden eben wegen Ihres Gewichtes von der Bundespolizei diskret aus dem Waggon gebeten. Um es Ihnen etwas leichter zu machen, erfindet man die Sache mit dem 25-Euro-Gutschein. Am Anfang sind Sie wütend und verletzt, aber nach und nach werden Sie sich mit dieser Herausforderung doch auseinandersetzen. Sie werden über Gewichtsprobleme lesen, die *Brigitte*-Diät machen, einer Selbsthilfegruppe beitreten und dann irgendwann Ihre Körperprobleme in den Griff bekommen. Und das alles dank des Impulses, den Ihnen die Bahn am Samstag vor Pfingsten in einem (absichtlich) überfüllten ICE gegeben hat.

Nur deshalb schickt die Bahn nicht wie früher Entlastungszüge. Damit würde die ganze mühselig eingefädelte Sache auffliegen. Ja, die Bahn hat es sogar so weit getrieben, dass sie aus Tarnungsgründen, also zum seelischen Schutz der Übergewichtigen, seit Jahren nicht mehr in Reservezüge investiert. Denn dann müsste sie erklären, warum sie die an einem Samstag vor Pfingsten oder überhaupt zu den Hauptverkehrszeiten nicht auf die Strecken schickt. Besser also, die Öffentlichkeit und sogar bahnkritische Autoren glauben, man habe das alles einem ominösen Börsengang und Renditesteigerungen geopfert. Für den guten Zweck lassen sich die Bahnmanager sogar öffentlich demütigen, denn sie wissen insgeheim, wie vorbildlich sie in Wirklichkeit sind – jedenfalls scheint uns diese Erklärung die einzig plausible zu sein. Und übrigens: Nur deshalb wird es Ihnen nie gelingen, den 25-Euro-Gutschein einzulösen. Weil der eben auch zu der Tarnung gehört.

Wie meistert man knifflige Situationen im tagtäglichen Bahnverkehr?

Acht ungewöhnliche Fragen an Heiner Geißler

Von Mark Spörrle

Herr Geißler, Sie waren bei den Gesprächen zwischen Gegnern und Befürwortern eines unterirdischen Bahnhofvorhabens mit dem Namen »Stuttgart 21« als Schlichter engagiert. Dank ungeheurer politischer Erfahrung und Menschenkenntnis schafften Sie es spielend, gegnerische, wenn nicht gar verfeindete Gruppen miteinander ins Gespräch zu bringen.

Nun sind diese Gespräche erst einmal vorbei. Ungeachtet dessen gibt es – offenbar leben wir in Zeiten sich verhärtender Konflikte im Schienenverkehr – großen Beratungsbedarf bei Kontroversen, die tagtäglich x-fach beim Bahnfahren auftreten. Wir wären glücklich, wenn wir zu ein paar scheinbar banalen, aus Sicht vieler Bahnfahrer jedoch reichlich verfahrenen Standardsituationen Ihren Rat einholen dürften … Dürfen wir?

Bitte.

ERSTES BEISPIEL: Peter Wagner hat es eilig. Sein Zug fährt in sechs Minuten. Als er außer Atem ins Kundenzentrum am Bahnhof stürzt, ist die Schlange vor dem einzigen geöffneten

Schalter jedoch etwa 40 Meter lang. Und an den Gesichtern der Anstehenden, zumeist Kunden jenseits der 55, merkt Peter Wagner, dass diese sich keinesfalls die Butter vom Brot nehmen lassen wollen. Was sollte Peter Wagner klugerweise tun?

Mit dem Ruf: »Mein Zug geht in drei Minuten« an der Schlange vorbei in dem Moment an den Schalter treten, an dem der Vorgänger weggeht, nicht ohne wortreich bei den Vordersten der Schlange um Verständnis zu bitten. Alternative: ohne Fahrkarte den Zug besteigen, falls IC oder ICE, und im Zug lösen. Im Regionalexpress bei Kontrolle großes Theater machen und die Bahn wegen Desorganisation und Personaleinsparungen lautstark beschimpfen.

Heiner Geißler, geboren am 3. März 1930 in Oberndorf, ist Mitglied der CDU, ehemaliger Bundesminister für Jugend, Familie und Gesundheit, Ex-CDU-Generalsekretär und seit 2007 Mitglied der globalisierungskritischen Organisation Attac.

Nach Promotion und dem zweiten juristischen Staatsexamen begann Heiner Geißler seine berufliche Laufbahn als Richter und Büroleiter des Arbeits- und Sozialministers von Baden-Württemberg. 1965 wurde er zum ersten Mal in den Deutschen Bundestag gewählt. Von 1967 bis 1977 war er rheinland-pfälzischer Minister für Soziales, Jugend, Gesundheit und Sport, von 1982 bis 1985 Bundesminister für Jugend, Familie und Gesundheit. Als Generalsekretär in den Jahren von 1977 bis 1989 schärfte er das Parteiprofil der CDU. In den letzten Jahren wandte sich Geißler vor allem in der Wirtschafts- und Sozialpolitik liberalen bis linken Positionen zu. Er ist passionierter Gleitschirmflieger, Bergsteiger und Kletterer.

Zu den bekanntesten seiner zahlreichen Bücher zählen: *Die Neue Soziale Frage* (1976), *Der Irrweg des Nationalismus* (1995), *Was würde Jesus heute sagen? Die politische Botschaft des Evangeliums* (2003), *Ou Topos. Suche nach dem Ort, den es geben müsste* (2009).

ZWEITES BEISPIEL: Frank Müller zieht sein Ticket am Fahrkartenautomaten. Oder er versucht es zumindest: Kaum hat der Automat das Geld eingezogen, erscheint ein kompliziertes Auswahlmenü, für das Frank Müller die Erklärung eines Automatenguides benötigt. Als er einen gefunden hat und mit ihm zurückkommt, lässt sich eben der nächste Kunde mit unschuldiger Miene seine Fahrkarte ausdrucken. Ohne Zweifel von Müllers Geld. Was soll er tun?

Den betrügerischen Kunden festhalten, Geschrei machen und die Polizei rufen. Falls ohne Ergebnis, die eigene Dummheit beklagen.

DRITTENS: Auf dem Bahnhof wird die Wagenreihung des einfahrenden Zuges falsch herum angesagt. Bei der Einfahrt des Zuges herrscht demzufolge furchtbares Chaos. Als sich die Türen von Wagen 262 öffnen, stürzt von links Herr Kaiser mit einem Rollkoffer heran, von rechts Herr König mit einer Rolltasche. Beide prallen vor der Wagentür gegeneinander. Beide verfügen etwa über das gleiche Selbstbewusstsein und eine vergleichbar teure Anzugmarke und denken nicht daran, einander Platz zu machen. Haben die Nachfolgenden die Chance, die Situation zu entspannen, damit ihnen der Zug nicht vor der Nase wegfährt?

Die beiden dadurch trennen, dass man mit oder ohne Gewaltanwendung zwischen den beiden durchgeht und gegebenenfalls einem der Rollis einen heftigen Tritt gibt.

VIERTENS: Tobias Schmitt-Burck hat im Zug einen Sitzplatz reserviert. Unglücklicherweise sitzt jedoch auf seinem Platz ein junger kräftiger Mann, der sich nicht im Geringsten von der vorgezeigten Platzreservierung beeindrucken lässt, sondern im Gegenteil betont, er säße sehr gerne hier. Der Zug ist krachevoll, nur schräg gegenüber ist neben einem beleibten, stark schwitzenden Herrn noch ein Platz frei. Auf dem allerdings liegt die Laptoptasche des Beleibten. Was soll Schmitt-Burck unternehmen?

Direkt vor dem reservierten, aber rechtswidrig besetzten Platz stehen bleiben und warten, bis der »Schaffner« kommt, dabei sich mit einem Fuß auf dem Sitz und Oberschenkel des Okkupanten abstützen.

FÜNFTENS: Bernd Felgenhauer ist problemlos an seinen Sitzplatz gekommen. Doch kaum hat er sich niedergelassen, steigt ihm ein unangenehmer Geruch in die Nase: Die nette Dame links neben ihm packt ein offensichtlich mit purem Knoblauch belegtes Butterbrot aus. Und dann noch zwei hart gekochte Eier. Mehr noch, sie bietet Felgenhauer eins an. Wie zieht er sich aus der Affäre?

Das Ei essen und der Dame eine Packung Vivil (Pfefferminzbonbons, die Verfasser) anbieten. Alternative: Speisewagen oder BordBistro aufsuchen.

SECHSTENS: Manfred von Zahn fährt erster Klasse, um noch etwas arbeiten zu können. Das ist jedoch Theorie. In der Praxis sitzt ein paar Tische weiter ein Herr, dessen zwei Handys im Minutentakt schrillen. Und wenn der Herr mal drangeht, schreit er so laut – offenbar ist er sehr aufgebracht –, dass alle

Umsitzenden zusammenzucken. Überflüssig zu erwähnen, dass die erste Klasse so voll ist, dass ein Platzwechsel nicht in Frage kommt. Ein Zugbegleiter lässt sich nicht blicken. Und als von Zahn wieder einmal zu dem Herrn hinsieht, blafft ihn der Vieltelefonierer an: »Was guckst du?« Lässt sich diese Lage überhaupt noch entspannen?

Nein, aber beenden. Indem man ein Glas Bier aus dem BordBistro holt, sich langsam dem Handy-Mann nähert und bei der nächsten Zugkurve das Gleichgewicht verliert und mit einem Stolperer das Glas über dem Handy ausgießt. Kosten trägt die Haftpflicht.

Siebtens: Weiter vorne sitzt Peter Hallbrandt. Er hat den Aufpreis für die erste Klasse bezahlt, weil er sich so darauf freut, wie im Faltblatt »Ihr Fahrplan« versprochen, Kaffee und Rührei am Platz serviert zu bekommen. Er hat sogar vor Vorfreude auf ein Frühstück daheim verzichtet. Doch der Bahnmann im Service scheint nicht sehr motiviert. Kaffee könne er vielleicht bringen, wenn Hallbrandt »noch einige Zeit« warten könne. Aber essen – »Ich bin heute allein im Service, sorry, Sie verstehen …« Versteht das Peter Hallbrandt?

Nein, denn er ist entweder ein Masochist oder so dumm, dass er glaubt, der Bahnkaffee samt Bordküchenrührei seien genießbar.

Achtens: Plötzlich hält der Zug mit einem Ruck auf freier Strecke. Die Minuten vergehen, und die Anschlusszüge sind in Gefahr, vor allem der in Hannover, den Petra Emmerling unbedingt erwischen muss. Seit der Durchsage: »Infolge einer technischen Störung …« war nichts mehr vom Zugführer

zu hören. Der läuft nun, jeden Blickkontakt vermeidend, so schnell durch den Zug, dass man ihn kaum ansprechen kann. Dazu wird es immer heißer. Was soll Frau Emmerling tun?
Dem Zugführer ein Bein stellen.

Herr Geißler, vielen Dank für das Gespräch.

Gute Züge, schlechte Züge

Manche Dinge im großen Bahnkosmos sind für den kleinen Bahnkunden einfach unbegreiflich. Robert Schumacher, nicht verwandt oder verschwägert mit einem gewissen Bahnbuchautor, ist auf ein solches Phänomen gestoßen – und zwar in seiner Heimat Ingolstadt. Die oberbayerische Metropole hat mehr als 125 000 Einwohner, zwei Hochschulen und immerhin acht verschiedene Postleitzahlen! Diese beeindruckenden Fakten werden jedoch von der Bahn beschämenderweise völlig ignoriert, wie der nachfolgende Bericht aufzeigt:

Ein großes Bahnabenteuer ist für mich eine Reise von Ingolstadt nach Frankfurt/Main. ICE-Direktverbindungen gibt es für die Rückfahrt nur einmal täglich, für die Hinfahrt immerhin morgens und abends. Eigentlich überraschend, weil Ingolstadt genau auf der ICE-Strecke zwischen München und Nürnberg liegt und es von München drei und von Nürnberg zwei ICE-Linien gibt, die Frankfurt jeweils im Stunden- beziehungsweise Zweistundentakt anfahren, sodass die Bahn von diesen beiden Städten teilweise die Mainmetropole sogar alle 30 Minuten ansteuert. Fahren die Züge von München nach Frankfurt denn alle über Augsburg, damit wenigstens dort weitere

Leute ein- und aussteigen können? Nein, vielmehr lässt
die Bahn die Züge der Verbindung München – Nürnberg
– Frankfurt – Essen in der Großstadt Ingolstadt einfach
ohne Halt durchsausen, damit hier ja keiner auf die Idee
kommt, den Zug zu benutzen.

Besonders schräg ist der ICE 1224, er fährt einmal täg-
lich von München nach München, dazwischen macht er
eine Rundreise durch fast ganz Deutschland. Durch Ingol-
stadt, die zweitgrößte Stadt Oberbayerns, fährt er durch,
dafür hält er außerhalb Bayerns gleich reihenweise in
Städten wie Fulda, Warburg, Lippstadt oder Altenbeken.

Robert Schumacher verschweigt hier aus Lokalpatriotismus,
dass gerade Altenbeken ein sehr wichtiger Ort am Rande
des Sauerlandes ist. 2010 zählte man hier 9269 Einwohner,
verstreut auf immerhin drei Ortsteile! Und: Vermutlich leben in Altenbeken einige in Bahnkreisen sehr angesehene
Persönlichkeiten – oder vielleicht solche, die Nacktfotos bestimmter Personen besitzen. Egal! Wie hat es George Orwell
so treffend in seiner *Farm der Tiere* formuliert: »Alle Tiere
sind gleich, aber manche sind gleicher.« Sehen wir weiter:

Nun weiß die Bahn durchaus, dass unter den 450 000
Einwohnern der Region Ingolstadt viele Bahnreisende
sind, was auch kaum zu leugnen ist, wenn man sich nur
einmal ansieht, wie viele Menschen am Ingolstädter
Hauptbahnhof in Züge steigen. 2008 sollen es täglich
etwa 23 000 Reisende gewesen sein, also kaum weniger
als am Bahnhof Göttingen, obwohl dort dreimal so viele
ICEs halten wie in Ingolstadt. Schon komisch, die Stadt

Göttingen ist einwohnermäßig sogar noch ein wenig kleiner als Ingolstadt. Die Bahn argumentiert diesbezüglich, dass sie die Züge ja gerne in Ingolstadt halten lassen würde, dies sei aber aufgrund von »Trassenkonflikten mit dem Regionalverkehr« leider nicht möglich.

Wenn man als Ingolstädter also gleichwohl eine Zugreise nach Frankfurt wagt und notgedrungen eine Umsteigeverbindung auswählt, darf man zuerst eine Station mit dem eigentlich »falschen« ICE – falsch, weil der nicht nach Frankfurt, sondern nach Hamburg fährt – bis nach Nürnberg reisen, um dort aus- und umzusteigen. In Nürnberg angekommen, sieht man mit etwas Glück noch am gegenüberliegenden Gleis die Rücklichter eines von Regensburg kommenden ICEs nach Frankfurt. Denn dieser Zug verlässt planmäßig zur Minute 28 den Nürnberger Hauptbahnhof, und der ICE aus Ingolstadt erreicht Nürnberg planmäßig zur Minute 29. Also ärgert man sich als Nächstes darüber, dass der ICE aus Ingolstadt auf der Fahrt nach Nürnberg so langsam gefahren ist.

Zwischen Ingolstadt und Nürnberg soll es ja eigentlich eine Hochgeschwindigkeitsstrecke geben, auf der die ICEs 300 Stundenkilometer fahren könnten. Allerdings ist bei der Bahn ICE nicht gleich ICE, vielmehr gibt es schnelle und langsame ICEs, wobei die schnellen ICEs in Ingolstadt generell ohne Halt durchfahren. Der langsamere ICE mit Halt in Ingolstadt könnte zwar ebenfalls schneller fahren als die 200 Stundenkilometer, die er auf der Strecke in der Spitze normalerweise draufhat, weil es sich dabei um einen ICE 1 handelt, der für einen Regelbetrieb mit bis zu 280 Stundenkilometern zugelassen ist.

Das Betriebskonzept der Bahn sieht aber offenbar vor,
dass dieser Zug so getaktet sein soll, damit in Nürnberg
auch ja alle Anschlüsse verpasst werden.

Das ist eine gewagte und durch nichts zu belegende Behauptung von Herrn Schumacher! Es könnte ja sein, dass gerade der Streckenabschnitt zwischen Ingolstadt und Nürnberg landschaftlich besonders schön ist und es die Lokführer genießen, hier einmal ein bisschen den Blick schweifen zu lassen. Und das wäre bei den von Robert Schumacher geforderten Geschwindigkeiten doch gar nicht möglich!

Endlich in Nürnberg eingetroffen, heißt es mindestens eine halbe Stunde warten, bis der »richtige« ICE kommt, auf den man in Ingolstadt allenfalls hätte aufspringen können. Ausgerechnet eine Wartezeit von 30 Minuten hat die Bahn den Ingolstädtern eingebrockt. Zu lang, um nur sinnlos am Bahnsteig in der Kälte herumzustehen, und zu kurz, um während dieser Zeit etwas Sinnvolles zu machen.

Also nutzt man die Zeit, um sich mit seinen Leidensgenossen zu unterhalten, die ebenfalls von Ingolstadt nach Frankfurt wollen und von der Bahn zum Umsteigen gezwungen wurden. Man diskutiert darüber, was möglicherweise die wahren Gründe dafür sind, dass die ICEs in Ingolstadt ohne Halt durchzuckeln. Ein nennenswerter Zeitgewinn kann es jedenfalls nicht sein, weil die ICEs ohnehin erst ab Ingolstadt-Nord, wenn die Hochgeschwindigkeitsstrecke beginnt, schneller fahren können. Vermutlich geht es ums Geld. Vom Reisenden, der ganz normal einen Fahrschein für die Strecke Ingolstadt–Frankfurt löst, kassiert die Bahn nämlich immer den vollen ICE-Preis für die komplette Strecke, selbst wenn sie dem ahnungslosen Ingolstädter eine Verbindung andreht, bei der zwischen Nürnberg und Ingolstadt zum Beispiel der Regionalexpress genutzt werden soll.

Aber auch wer als Ingolstädter auf der ganzen Strecke nur einen ICE oder IC nutzt, den zockt die Bahn mit dem Umsteigetrick ab, nämlich bei den Platzkarten. Das dafür fällige Reservierungsentgelt verdoppelt sich, sobald man einen dritten Fernverkehrszug nehmen muss. Man war etwa in Bonn und will zurück nach Ingolstadt, dann heißt es: Vom IC aus Bonn einmal umsteigen in Frankfurt/Main, und schon sind die zwei Züge weg, die im einmaligen Reservierungsentgelt dabei sind. Da man aber zwangsweise nochmals in Nürnberg den Zug wechseln muss, in jenen dritten Fernverkehrszug, hat man nochmals extra für die Platzkarte zu zahlen.

Als ich wieder einmal das Abenteuer Ingolstadt–Frankfurt wagte und die halbstündige Zwangspause in Nürnberg vorbei war, freute ich mich, denn der »richtige« ICE nach Frankfurt war pünktlich. Überraschenderweise fand ich ohne Platzkarte einen Sitzplatz, und die Reise ging los. »Ach, Sie kommen aus Ingolstadt?«, fragte die ältere Dame, die direkt neben mir saß. »Warum sind Sie dann erst in Nürnberg zugestiegen?« Ich griff zum im Zug ausliegenden Faltblatt und erklärte, dass die böse Bahn ihre ICEs lieber in Kleinstädten wie Montabaur halten lässt als in einer bayerischen Großstadt.

Lieber Robert Schumacher! Wissen Sie eigentlich, dass Montabaur der einzige ICE-Standort »im Bereich der Verdichtungsrandzone des Raums Mittelrhein-Westerwald« ist? Nein? Ja, dann wundert es nicht, dass Sie den 12 361 Einwohnern der Kreisstadt die Butter auf dem Brot nicht gönnen. Dabei haben die Montabaur (Montabauren, Montabauern? …) jahrelang mit Limburg um den ICE-Anschluss gekämpft, am Schluss hatten dann beide einen. Rainer Brüderle, Heinz Dürr und sogar Paul Possel-Dölken waren in die Sache verwickelt. Letzterer war dort mal Bürgermeister, also in Montabaur, falls Sie den Namen noch nicht gehört haben. Aber das würde jetzt hier zu weit führen. Erwähnenswert vielleicht noch, dass man in Montabaur im Jahr 2000 eine Tiefgarage mit 127 Stellplätzen am ICE-Bahnhof gebaut hat. Die tun wenigstens was. Vielleicht muss die Politik in Ingolstadt aufwachen, dieses Buch kann möglicherweise helfen.*

Zurück zu dem Streitgespräch mit der Reisebekanntschaft:

Doch die ältere Dame schwor jetzt Stein und Bein, dass unser Zug eben in Ingolstadt gehalten habe. »Ja, das mag vielleicht sein, aber vermutlich nur an einem roten Signal, ein- und aussteigen durfte sicherlich niemand«, erwiderte ich. Nun schalteten sich auch andere Reisende in die Diskussion ein und bestätigten, dass der ICE tatsächlich in Ingolstadt gehalten habe. Der Zugchef habe

---

* Aber nicht, dass es am Ende Ärger gibt, wenn irgendjemand auf die Idee kommt, einen unterirdischen Bahnhof zu bauen, vielleicht »Ingolstadt 21«, und dann sind wir schuld …

vorher eine Durchsage gemacht und mitgeteilt, dass unser ICE wegen irgendeiner Störung an einem anderen Zug außerplanmäßig in Ingolstadt halte. Jetzt ärgerte ich mich wirklich, dass ich vorhin völlig unnütz in Nürnberg umgestiegen war, und nahm mir für die Rückfahrt vor, selbst auf einen außerplanmäßigen Halt zu drängen.

Bewaffnet mit einem Internethandy und dem festen Vorsatz, mich nicht erneut von der Bahn an der Nase herumführen zu lassen, stieg ich also in Frankfurt in den »richtigen« ICE und checkte regelmäßig die Verspätungen der Züge. Da, kurz nach Würzburg, meldete das Internet 25 Minuten Verspätung für den Anschluss-ICE von Nürnberg nach Ingolstadt. Wenn das kein Argument für einen außerplanmäßigen Halt des Frankfurter ICE in Ingolstadt war!

Sogleich zeigte ich dem Zugchef die Verspätungsmeldung und fragte (noch recht freundlich), ob er denn nicht schnell bei der Transportleitung nachfragen könne, ob es möglich wäre, den Zug außerplanmäßig in Ingolstadt halten zu lassen, weil ich ansonsten fast eine Stunde in Nürnberg auf den Anschluss warten müsste. Er entgegnete: »Warum soll ich das machen?« In diesem Moment tauchte glücklicherweise eine hübsche blonde Dame auf, die meinen Plan unterstützte. Der Zugchef lenkte ein und versprach, bei der Transportleitung nachzufragen. Er werde nach dem Telefonat eine Durchsage machen und alle Reisenden nach Ingolstadt informieren. In freudiger Erwartung ging ich auf meinen Platz zurück. Doch die versprochene Information kam nicht. Stattdessen aber kurz vor Nürnberg die Durchsage: »Reisende nach Ingol-

stadt haben in Nürnberg Anschluss an den Regional-
express ...«

Unter Protest verließen wir Ingolstädter in Nürnberg
den Zug und eilten zu dem Bahnsteig, an dem stets der
München-Nürnberg-Express hält, ein schneller Nahver-
kehrszug, der mit dem günstigen Bayern-Ticket genutzt
werden kann. Dies ist leider auch der Grund, weshalb
dieser Zug beliebt und regelmäßig massiv überfüllt ist.
Der Plan, dort noch einen freien Sitz- oder zumindest
Stehplatz zu finden, war daher von vornherein zum
Scheitern verurteilt. Also hieß es: warten bis zum Eintreffen des ICE nach Ingolstadt. Immerhin hatten wir laut
Handy dazu fast eine Stunde Zeit. Tatsächlich hatte sich
die Verspätung am Ende noch um weitere fünf Minuten
erhöht. Aber egal, nun war ich ja im richtigen ICE. Aber
warum fuhr er nicht ab? Alle Leute waren ein- und aus-
gestiegen, eigentlich hätte es losgehen können. Plötzlich
eine Durchsage: Die Abfahrt unseres Zuges verzögere
sich wegen einer Überholung noch um wenige Minuten.
Nächste Reisemöglichkeit nach München sei der ICE, der
in Kürze am gegenüberliegenden Bahnsteig einfahre.

Eine Frau fragte verdutzt, ob jetzt schon ICEs von
ICEs überholt würden? Und ich erklärte ihr, dass bei
der Bahn ICE nicht gleich ICE ist. Es gibt eben schnelle
ICEs, die nicht in Ingolstadt halten, und langsame ICEs,
die in Ingolstadt halten. Da der langsame ICE, in dem
wir saßen, Verspätung hatte und der pünktliche, schnelle
ICE nicht hinter einem langsamen ICE fahren soll, wird
der schnelle ICE in Nürnberg an dem langsamen ICE
vorbeigelassen, obwohl der langsame ICE eigentlich gar

nicht langsam fahren müsste. Der schnelle ICE wiederum könnte 300 Stundenkilometer fahren, er fährt aber normalerweise gar nicht so schnell. Denn würde er so schnell fahren, könnte er in der im Fahrplan vorgegebenen Zeit nämlich locker in Ingolstadt halten. Dann wäre er aber kein schneller ICE mehr, der nicht in Ingolstadt hält, sondern ein schneller ICE, der in Ingolstadt hält. Dann würde sich aber die Frage stellen, weshalb der langsame ICE in Ingolstadt hält, obwohl er eigentlich ein schnellerer ICE ist.

Falls Ihnen nun der Kopf raucht: Machen Sie sich nichts daraus. Die Fragen von Robert Schumacher wird die Bahn vermutlich nicht beantworten können, und selbst wir Bahnautoren, die normalerweise um keine wüste Spekulation verlegen sind, müssen an der Stelle passen. Denn die Vermutung, dass die Bahn etwas gegen Ingolstadt hätte, weil dort Autos gebaut werden, ebenso wie in Wolfsburg, der Stadt, in der sich ICEs ebenfalls schwer mit dem Anhalten tun, und schließlich in Stuttgart, wo der Bahnhof nun unter der Erde verschwinden soll – also diese komplette Verschwörungstheorie, die wäre doch einfach zu absurd. Nicht einmal die Bahn würde so kindisch sein …

Gleischenwechseldich

Schon mehrfach ist es in diesem Buch angeklungen: Mit ihrer Informationspolitik tut sich die Bahn gelegentlich schwer. Insbesondere an großen Bahnhöfen sind die zuständigen Mitarbeiter angesichts der vielen Bahnsteige und Züge, Verspätungsmeldungen, Gleiswechsel und anderer Widrigkeiten anscheinend selbst verwirrt. So sind die Beobachtungen von Christiane Sieverding aus Aachen wohl kein Einzelfall, weswegen wir sie hier zitieren:

Dortmund, Hauptbahnhof, es ist Sommer und der Bahnsteig am Gleis 8 prall gefüllt. Mit den üblichen Businessreisenden, ihren Laptops und ein paar jungen Familien, aber deutlich dominiert von aufgeregten Rentnern in Expeditionskleidung und mit Überseereisekoffern. In sieben Stunden wollen sie ohne einen einzigen Umstieg auf Rügen sein, so das Bahnversprechen. Und für die Promenade des Ostseebads Binz nimmt man schon mal ein bisschen mehr Garderobe mit. Die Stimmung ist aufgeräumt und fröhlich.

Acht Minuten vor der pünktlichen Einfahrt gongt es: »Meine Damen und Herren, Ihr Intercity ›Rügen‹ über Münster, Osnabrück ... fährt heute abweichend vom Fahrplan nicht auf Gleis 8, sondern auf Gleis 6 ab.« Sofort herrscht die gleiche Aufbruchstimmung wie beim Abpfiff eines ausverkauften Bundesligaspiels. Alle packen ihre Sachen und Angehörigen und schieben sich samt Koffer in Richtung Treppe zur Unterführung. Zum Glück gibt es ein Gepäckband, vor dem sich aber eine lange Schlange bildet. Doch diszipliniert und geordnet erscheinen nahezu alle Reisenden fünf Minuten später auf Gleis 6. Leider gibt es hier kein Gepäckband, sodass einige nach dem Aufstieg leicht erhitzt wirken. Kühl dagegen die Stimme nach einem erneuten Gong: »Meine Damen und Herren, wegen einer Fahrplanänderung fährt Ihr IC ›Rügen‹ heute nicht auf Gleis 6, sondern abweichend auf Gleis 7 ab. Wir bedauern die Unannehmlichkeiten. Ihr Zug ist pünktlich.« Knack.

Kurzes Aufstöhnen in der Menge, dann erleichtertes Raunen. Gleis 7 ist genau gegenüber von 6, und so schwenkt die ganze Formation um, wuchtet im Takt ihr Gepäck Richtung Gleis 7 – und wartet gespannt und leicht gereizt auf die Einfahrt des Zuges. Es gongt wieder. »Auf Gleis 7 fährt ein: Intercity von Essen nach Hannover über Hamm …« Der Rest geht im Tumult unter. Es quietscht und bremst. Türen öffnen sich und spucken noch mehr Reisende auf den überfüllten Bahnsteig. Sie schauen in rote Gesichter, die panisch aus der Expeditionswäsche gucken.

Und sich hoffnungsvoll erhellen, als es wieder gongt. »Willkommen in Dortmund. Sie haben Anschluss an …« Es folgt eine lange Ansage aller Möglichkeiten, Dortmund wieder zu verlassen. Und ganz zum Schluss der Hinweis: »Weiter haben Sie Anschluss zum IC auf der Fahrt ins

Ostseebad Binz. Dieser Zug ist pünktlich auf Gleis 8 ein-getroffen und fährt in wenigen Minuten ab.«

Mindestens 300 Personen und Tausende Kubikmeter Gepäck glauben es nicht. Sie verharren für Sekunden stumm. Dann ist es schlagartig vorbei mit der Disziplin. Während die Businessreisenden klar im Vorteil sind und federnd zum Gleis 8 gehen, werden sie verfolgt von einem schwitzenden, wütenden Heer von Menschen, die ohne einen einzigen Umstieg und völlig bequem in sieben Stunden auf Rügen sein werden. Vorausgesetzt, sie erreichen ihren Zug ... Leider gibt es immer noch kein Gepäckband. Im Aufzug ist eine Großfamilie mit zwei Kinderwagen, und es geht jetzt um Sekunden. Das setzt Adrenalin frei.

Unter dem Ausblenden jeglicher Umgangsformen kämpfen und rempeln sich die dunkelroten Expeditions-teilnehmer beharrlich zum Gleis 8 durch, den Koffer und die protestierende Gemahlin hinter sich herschleifend. Noch auf der Treppe nach oben werden sie vom Gong und der Chefanimateurin der Deutschen Bahn empfangen. Die Ansage ist kurz und klar: »An Gleis 8 bitte einstei-gen, Türen schließen selbsttätig, Vorsicht bei der Abfahrt.« Heilloses Chaos bricht aus, mit letzter Kraft wuchten die verrenteten Extremsportler Gepäck und Ehepartner in irgendeinen Wagen. Ihre reservierten Plätze werden sie vermutlich in zwei bis drei Stunden finden. Aber dafür ohne einen einzigen Umstieg.

Sie haben die Wahl!

Das Buch ist nun hier zu Ende. Es ist das dritte Mal, dass wir uns mit dem Abenteuer Bahn beschäftigen, und doch bleibt die Frage:

Gibt es denn gar nichts Positives? Einen Hoffnungsschimmer? Irgendeine Aussicht auf Besserung bei dem Transportunternehmen?

Doch! Wir möchten Ihnen mit diesen letzten Zeilen eine Vision mit auf den Weg geben. Denn es gibt tatsächlich Menschen, die den Irrsinn bei der Bahn ändern können. Und Sie werden es kaum glauben: Es sind nicht PRO BAHN, die Gewerkschaften, der ADAC oder gar der Bundesverkehrsminister. Nein, es sind Sie selbst!

Überlegen Sie doch einmal: Noch befindet sich die Bahn in Staatsbesitz. Es ist also die Politik, die zumindest theoretisch all die Dinge, die uns stören, ändern könnte. Sie müssen also nur bei der nächsten Wahl Ihr Kreuz dort machen, wo …

Aber Stopp! Es gibt einen Haken: In unserer Demokratie macht man alle vier Jahre ein Kreuz und »legitimiert« damit angeblich Tausende von anschließenden Entscheidungen. Wer zum Beispiel 1998 meinte, 16 Jahre Helmut Kohl wären genug, der wählte Gerhard Schröder. Und kaufte sich – gewollt oder ungewollt – gleich diesen Bahnchef mit ein, dessen Name nicht gesagt werden darf. Den mit der kleinen

Statur und dem großen Selbstbewusstsein. Viele werden sich hinterher reumütig gefragt haben, ob sie das wirklich gewollt hatten.

Demnach müssten Sie als Bahnrevolutionär bei der nächsten Bundestagswahl alle anderen gesellschaftlichen Fragen außer Acht lassen und ausschließlich darauf schauen, was die verschiedenen Parteien mit der Bahn machen wollen. Aber immerhin. Noch können Sie wählen:

Wenn Sie etwa der Meinung sind, die Bahn sei doch ohnehin nur etwas für Berufsmasochisten und sozial Benachteiligte und Sie kämen mit Ihrem Privathubschrauber letztlich viel bequemer und schneller ans Ziel, dann wählen Sie am besten die Parteien, die noch konsequenter auf die Rendite der Bahn setzen. Getreu dem Motto: »Wenn die Bahn meistens nicht funktioniert, soll sie wenigstens dem Staat so viel Geld in die Kassen spülen, damit er damit sinnvolle Dinge wie Steuererleichterungen und Eurorettung bezahlen kann.« Spätestens 2020 gibt es dann vermutlich nur noch sechs bis acht profitable Schnellfahrstrecken, der ganze Rest, dieser unrentable Regionalverkehr und die Verbindungen in »Käffer« wie Kiel, Rostock, Gelsenkirchen, Karlsruhe oder Wolfsburg*, wird komplett eingestellt. Darüber hinaus macht die Bahn Geld mit dem Betrieb von Flugstrecken und Verluste mit internationaler Finanzmarktspekulation.

Nein, das wollen Sie nicht? Dann wählen Sie doch die Parteien, die aus der Bahn eine Bundesbehörde machen wollen. Das geht so: Es werden kurzfristig mindestens 200 000 neue

---

* Wie schon mehrfach in diesem Buch erwähnt, wird das in Wolfsburg bereits getestet.

Beamtenjobs geschaffen, deren Stelleninhaber sich mit Akribie an die Verwaltung und danach an die Verwaltung der Verwaltung und schließlich an die Verwaltung der Verwaltung der Verwaltung der Bahn machen werden. Schaffner werden wieder Amtspersonen, die mit strengem Blick für Zucht und Ordnung in den Zügen sorgen, in den Bahnhofshallen werden wieder 20 von 20 und nicht einer von 20 Schaltern besetzt sein – und trotzdem wird es seltsamerweise nicht einen Deut schneller vorangehen. Die ganzen blöden englischen Begriffe werden wieder durch Amtsdeutsch und unverständliche Abkürzungen mit kryptischen Zahlenfolgen ersetzt (»IZB 36.799«, Sie verstehen schon …).

Immerhin werden die Züge pünktlich sein. Zwar langsam. Aber pünktlich. Und sollten wir es aus eigenen Beständen nicht schaffen, kurzfristig das für dieses Programm notwendige Personal zu akquirieren, dann hilft uns Griechenland bestimmt aus.

Das wollen Sie auch nicht? Ja, was wollen Sie dann?

Wollen Sie etwa ein modernes Bahnsystem, bei dem der Staat die Hoheit über das Netz, die Infrastruktur und vor allem über die Entscheidungen hat, wann und wo Züge fahren? Der Strecken ausschreibt und dort, wo ein wirtschaftlicher Betrieb nicht möglich ist, Zuschüsse gibt, damit auch Kleinkleckermannshagen einen Bahnhof hat? Weil das nämlich zu einer modernen und mobilen Gesellschaft dazugehört? Ein Staat, der sich nicht von einem pseudoprivatisierten Großkonzern vorschreiben lässt, wer mit der Bahn fahren darf und wer nicht, weil er das zum Beispiel im Straßenbau ja auch nicht tut? Und wollen Sie also einen Bahnbetrieb, der tatsächlich fair privatisiert ist?

Also nicht ein großer Monopolistenmoloch mit 50 winzig kleinen »Konkurrenten«, die sich nur mit Billiglöhnen über Wasser halten können, weil der Große ohnehin das Sagen, die Einkaufsmacht und die Streckengewalt hat? Wollen Sie stattdessen drei oder vier gleichgewichtige Bahnunternehmen, die in dem Rahmen, den der Staat vorgibt, tatsächlich in einem vernünftigen Wettbewerb zueinander stehen? Und denken Sie, dass dann ein Unternehmen wie die Deutsche Bahn eventuell kläglich untergehen würde? Weil nämlich kein Mensch sich defekte Klimaanlagen, schlechten Service, Verspätungen, miese Informationspolitik und all das andere Zeug bieten lassen würde, wenn er eine halbe Stunde früher oder später mit einer anderen, einer besseren Bahngesellschaft reisen könnte?

Ja, das glauben Sie? Und Sie wollen solche Parteien wählen, die dafür sorgen, dass das endlich so läuft?

Na ein Glück, dass es die gar nicht gibt. Denn wo blieben denn dann wir, wir Bahnsatiriker?

DANKE

Wir bedanken uns ganz herzlich bei allen Bahnfahrern, die uns für das vorliegende Buch ihre Erlebnisse zur Verfügung gestellt haben, die geduldig all unsere Nachfragen beantwortet und mit uns zusammen auch das letzte Detail zu Zugtypen oder Schienenverbindungen abgeglichen haben: Ohne Sie würde es dieses Buch nicht geben, und Sie waren einfach großartig!